ABRIR LOS
REGISTROS
AKÁSHICOS

Título original: OPENING THE AKASHIC RECORDS: MEET YOUR RECORD KEEPERS AND DISCOVER
     YOUR SOUL'S PURPOSE
Traducido del inglés por Francesc Prims Terradas
Diseño de portada: Editorial Sirio, S.A.
Maquetación: Toñi F. Castellón

©   de la edición original
    2019 Maureen J. St. Germain

    Publicado con autorización de Inner Traditions a través de International Editors'Co Barcelona

©   de la presente edición
    EDITORIAL SIRIO, S.A.
    C/ Rosa de los Vientos, 64
    Pol. Ind. El Viso
    29006-Málaga
    España

www.editorialsirio.com
sirio@editorialsirio.com

I.S.B.N.: 978-84-18000-45-4
Depósito Legal: MA-854-2020

Impreso en Imagraf Impresores, S. A.
c/ Nabucco, 14 D - Pol. Alameda
29006 - Málaga

Impreso en España

Puedes seguirnos en Facebook, Twitter, YouTube e Instagram.

Maureen J. St. Germain

autora de *Despertar en la 5D*

ABRIR LOS
REGISTROS
AKÁSHICOS

Encuéntrate con los custodios de tus registros
y descubre el propósito de tu alma

EDITORIAL
SIRIO

Este libro está dedicado a los guías de los registros akáshicos, especialmente a los maestros ascendidos Lord Metatron, Sanat Kumara y la diosa de la libertad, que me han orientado y han brindado oportunidades y recursos para nuestros estudiantes. Esta dedicatoria se extiende a los miles de alumnos a quienes he tenido el placer de formar. Esta obra también está dedicada a los cientos de instructores existentes y a todos sus miles de alumnos esmerados, así como a los nuevos interesados en acceder a los registros akáshicos. Entre todos hemos generado una enorme red de información confiable y sincera. Vuestro interés en este campo y en aprender más sobre el mundo que os rodea ha impulsado la extraordinaria proliferación de recursos en torno a los registros akáshicos.

Quiero expresar un agradecimiento especial a todos los autores que han escrito sobre ellos, especialmente a Lumari, por quien siento una gran admiración. Su libro sobre la materia es un recurso fundamental para todos quienes quieran entender quiénes son los custodios de los registros akáshicos. Estoy muy agradecida de que accediera a escribir el prólogo de este libro.

ÍNDICE

Prólogo 11

Mensaje de los guardianes de las puertas del Akasha 17

Prefacio. La llamada 23
   ¿Cómo llegué a ser una mensajera de los registros akáshicos?

1. La elevación de tu mundo 27
   ¿Por qué acceder a los registros akáshicos?
2. Previsiones antiguas para hoy 63
   ¿Por qué intervienen en estos tiempos los custodios de los registros? ....
3. Las llaves de apertura 73
   Cómo acceder a los registros
4. Sabiduría práctica 97
   Instrucciones y explicaciones esenciales paso a paso
5. Un poder único 115
   Más sobre tu conexión con el yo superior y con los registros akáshicos
6. Curiosidad intencionada 137
   Qué preguntar y cómo preguntarlo
7. Sacar el máximo partido a la intuición 157
   Aprovechar al máximo la oportunidad
8. Comunión a través de la comunidad 169
   Leer para otros y expansión de la conciencia

9. La congruencia etérea 199
Pasar a ser uno con el cosmos y mensajes de los señores del tiempo

Epílogo. Una excepción a la regla 209
Apéndice A. Código ético 221
Apéndice B. Oración rectora para los guías de los
  Registros Akáshicos... 223
Apéndice C. Protocolo de nivel 1 para abrir los
  Registros akáshicos... 225
Notas.. 229

PRÓLOGO

por Lumari

Los registros akáshicos son un vasto sistema de energía organizada que imparte la sabiduría de los siglos. Es una conciencia rica y en constante cambio que se deleita en las expresiones universales únicas e inclusivas de la conciencia.

Akashic Records: Collective Keepers of Divine Expression
[Registros akáshicos: custodios colectivos de la expresión divina]

La vasta sabiduría del universo, la sabiduría de las edades, la vida y la creación se encuentran dentro de los registros akáshicos, que fueron descritos como una biblioteca en muchos textos y diálogos antiguos. Yo pude sentir su naturaleza inconmensurable y quise conectar con los seres que compilan y supervisan esta sabiduría tan enorme. Mi sincera curiosidad y mi viaje de indagación me llevaron a acercarme a los registros akáshicos y a empezar a tener conversaciones y entrevistas maravillosas con los mismísimos custodios colectivos, a quienes también canalicé. Mi objetivo era saber más sobre el sistema, no para tener referencias para mi propio camino, sino para descubrir qué es y cómo funciona.

A través de los diálogos, entrevistas, canalizaciones y enseñanzas que se convirtieron en mi libro *Akashic Records: Collective*

Keepers of Divine Expression [Registros akáshicos: custodios colectivos de la expresión divina], los custodios akáshicos y yo difundimos una serie de conocimientos, sobre los registros akáshicos en sí, para que la gente pudiese abrirse a la inmensa brillantez y la inconmensurable sabiduría del universo. Me hablan, te hablan y hablan como un eco de la sabiduría. Los registros akáshicos mantienen la experiencia y el conocimiento individuales y universales en un espacio vibratorio único al que podemos obtener acceso y en el que podemos encontrar una mayor conciencia y sanación, lo cual constituye una delicia espiritual.

Tienes una sabiduría y unas vibraciones únicas para compartir, y este compartir te lleva más arriba en tu viaje. Esta es una verdad potente. Por eso me encanta ampliar nuestra comprensión y conexión con los registros akáshicos. Los custodios colectivos de la expresión divina, los registros akáshicos, comparten conocimientos con la verdad y la resonancia más elevadas; no hay palabras con las que poder describir esto. Los registros akáshicos sacan a la luz esta sabiduría y esta verdad compartidas. Cuando compartimos, emulamos esta llamada divina.

Los custodios colectivos se revelan de distintas maneras según el individuo o el ser con el que se comunican. Ocurre algo semejante a lo que sucede cuando distintos artistas pintan el mismo paisaje: cada uno de los cuadros constituye un reflejo personal. Trasladando la analogía a los registros akáshicos, el paisaje son los registros y tu cuadro es tu consulta y el mensaje y la orientación que obtienes. Esta circunstancia es hermosa y brillante, y parto de esta premisa con mis clientes y en mi trabajo; celebro las diferencias que hay entre todos nosotros. Maureen también parte de ahí al formar a sus alumnos. Ella y yo compartimos el reconocimiento y la valoración de las diferencias que nos hacen únicos y somos conscientes de que estas contribuyen a la evolución del mundo. Es un honor para mí que les pida a sus alumnos que lean mi libro sobre los registros akáshicos.

Todos somos diferentes y seguimos caminos distintos para expandirnos, contribuir y avanzar hacia la iluminación. Es hermoso e importante que descubras y explores tus propios dones y la sabiduría que te conduce hacia delante de formas que educan, deleitan, desafían y revelan un nuevo nivel de brillantez en tu vida y en tu propósito divino. Hay lugares en los que todos convergimos en la totalidad universal y hay caminos específicos que tomamos para cumplir nuestro propio destino. Los registros akáshicos contienen y revelan tanto tu camino personal como la integridad universal. La inmensidad de la sabiduría, de la vibración y de las oportunidades para una verdadera transformación y evolución es asombrosamente profunda. Cada uno de los que nos involucramos con los registros akáshicos aportamos una resonancia, una indagación y una brillantez únicas para elevar nuestras vidas y nuestro mundo. Nuestra resonancia y nuestras perspectivas singulares traen más oportunidades.

Maureen tiene una inusual comprensión de la brillantez multidimensional del universo. Sus enseñanzas de los registros akáshicos se centran en despertar a la persona a su propia magnificencia. Reconoce los dones y propósitos únicos de cada cual y en este libro ha formulado procedimientos muy específicos para que experimentes tu propio viaje y conectes con tus propios registros akáshicos. También enfoca sus enseñanzas en el honor y el respeto, dirigidos hacia los registros akáshicos y hacia los demás. Esto da lugar a una resonancia que invita a que las vibraciones más elevadas acudan a la persona. Maureen ha sido una voz clara y una invitada frecuente en mis encuentros y en mi espacio de retransmisiones por Internet, Cosmic Coffee Break [pausa para el café cósmica]. Yo también he sido su invitada. Ella comparte su belleza y brillantez como un regalo para todos nosotros.

Como canal consciente, psíquica y viajera multidimensional, entre otras cosas, acepto la indagación y me deleito en ella. Es la vía de las preguntas la que puede arrojar luz. Me conecto con los seres divinos y guías que sostienen las vibraciones más altas y trabajan con ellas para saber más, con el fin de nutrir mi propia sabiduría y compartir las vibraciones más altas contigo. Soy el canal de Alawashka, el lenguaje original y la fuente vibratoria de la creación. Este ser divino original me ha abierto a unas frecuencias asombrosas. Fue a través de mi trabajo con Alawashka como profundicé en mi relación con los registros akáshicos y ahondé en su exploración. En mis encantadores viajes de investigación, he trabajado con los custodios colectivos y he canalizado sus enseñanzas y orientaciones durante muchas vidas. Su delicadeza, sabiduría y claridad están realmente más allá de lo bello.

Todas las grandes respuestas comienzan con una gran pregunta, con un viaje de investigación.

Todos buscamos respuestas y, sin embargo, son las preguntas geniales las que nos impulsan a alcanzar una mayor comprensión y sabiduría. Al hacer mis sustanciosas preguntas al akasha se me revelaron una sabiduría oculta y unos conductos vibratorios que pude ver y, luego, compartir con los demás. Tu viaje personal de indagación comienza con tus preguntas respetuosas y agradablemente curiosas; pueden ser tu portal de acceso a los registros akáshicos. Este respeto y esta curiosidad abren formas de resonar con la plenitud del propio ser verdadero.

En sí mismas, tus preguntas te abren a un conocimiento increíble. Cuando haces una pregunta bien elaborada y perspicaz, ella misma te abre a una comprensión más grande y sustanciosa sobre otros sistemas, otras formas de vida y otros universos. Por eso guío a mis clientes a que formulen preguntas que los conducirán a mayores vías de exploración. Los registros akáshicos son un recurso fundamental para todos los buscadores de conocimiento. Pedir orientación a los propios custodios es una forma de explorar la propia vida y el propio ser. Esas preguntas brindan respuestas ricas y complejas y abren vías para obtener más en la vida.

En este libro encontrarás preguntas y ejercicios muy específicos que te guiarán a recibir respuestas claras en relación con distintos aspectos de tu vida. Esto te ayudará a enfocarte en las preguntas que sean relevantes para ti en el momento. Maureen también aporta una visión espiritual e histórica única del akasha gracias a la cual sabrás que ha habido muchas personas y culturas que han tratado de conectarse con los registros akáshicos, para que puedas comprender los distintos conocimientos que han evolucionado a lo largo del tiempo. Las preguntas que ha elaborado y los ejercicios de este libro pueden llevarte a una comprensión y un despertar personal profundos.

Sé creativo en tus preguntas. Deja que tu ser interior te guíe al respecto. Explora las razones que te impulsan a preguntar. Puedes encontrar algunas cosas muy interesantes tras tu consulta que te ayudarán en tu vida y en tu evolución.

Akashic Records: Collective Keepers of Divine Expression

Desenvuélvete en la grandeza. Celebra tus dones y vías de realización. Es hora de que explores tus conexiones y revelaciones divinas.

Lumari es una guía intuitiva, canal, coach *e instructora espiritual que goza de reconocimiento internacional. Es autora de los éxitos de ventas*

Akashic Records: Collective Keepers of Divine Expression *[Registros akáshicos: custodios colectivos de la expresión divina]*, Living Inspired with Lumari *[Vivir con inspiración con Lumari]*, Shopping for a Man: the Ultimate Woman's Guide to Dating a Really Great Guy *[Ir a comprar un hombre: la guía definitiva para las mujeres para salir con un chico realmente maravilloso]* y Alowashka: The Original Language and Vibrational Source of Creation *[Alowashka: el lenguaje original y la fuente vibratoria de la creación]*. *Para más información, consulta su sitio web, Lumari.com.*

MENSAJE DE LOS GUARDIANES DE LAS PUERTAS DEL AKASHA

Canalizado a través de Maureen St. Germain el 21 de junio de 2017

*S*omos los guardianes de las puertas de los registros akáshicos y nos gustaría aclarar algunos conceptos erróneos sobre ellos.

Los registros akáshicos son un vasto dominio de huellas energéticas; algo así como una filmoteca. Para extraer datos de este lugar, se debe trabajar con los «bibliotecarios de consultas»* que son los que pueden entrar en el campo energético. Incorporan esta información y luego viajan al borde del campo energético conocido como registros akáshicos para transmitirla a quienquiera que haya establecido contacto con ellos.

---

* Los guardianes de las puertas del akasha denominan «bibliotecarios de consultas» a los custodios y guías de los registros akáshicos. Esta es una denominación general para ayudar al lector u oyente a comprender la naturaleza de su trabajo con un ejemplo del ámbito de lo humano. Estos bibliotecarios de consultas son seres altamente evolucionados que han elegido incorporar los registros akáshicos y están al servicio de aquellos que buscan conocer y comprender. Su trabajo en los registros akáshicos es recuperar información cuando dirigimos la atención a ese campo. Cuando sintonizamos con ellos, están listos para revelarnos dicha información.

Desde 1978 hemos consentido especialmente que la humanidad conecte con este campo energético, el cual no hay que confundir con la idea de akash o akasha que se utiliza a menudo para referirse a cualquier cosa inusual en el vasto dominio del universo.

Los verdaderos registros akáshicos son una ubicación vibratoria que almacena los futuros posibles, los futuros probables, el presente y el pasado. El hecho de que la información contenida en los registros akáshicos esté a disposición de los humanos tiene por objeto ayudaros a regresar a casa, a Dios; ayudaros a familiarizaros con la realidad de que hay vida en otros sistemas planetarios. Cuanto más activamente os abráis a vuestros propios registros akáshicos, más precisos seréis; como ocurre con todas las habilidades, la práctica mejora los resultados.

El hecho de contar con nuestra sabiduría proveniente de nuestro vasto conocimiento almacenado y la información que recibimos os permite operar a un nivel mucho más alto, un nivel más evolucionado, diríamos. Esto acelera vuestro trabajo en favor de la Ascensión,* incrementa la luz que podéis sostener y ayuda a todo el planeta, ya que cada uno de vosotros es tan importante que los cambios que efectuáis a escala personal tienen un impacto positivo sobre todas las otras almas del planeta

Queremos explicar por qué los registros akáshicos se han puesto a disposición de todos. Conviene que sepáis que el planeta va a pasar por su propia Ascensión. La Tierra se encuentra al final del ciclo maya de veintiséis mil años; y para que la humanidad pueda alcanzar el punto en el que debería encontrarse, se consideró que dar acceso a los humanos a esta biblioteca remota y completa haría que abriesen más su corazón.

Vuestras vidas son difíciles, lo sabemos. Están llenas de misterios y desafíos. Aprender a abrir vuestros registros aliviará gran parte de las perturbaciones o incomodidades que podáis estar experimentando; este es el

---

* La Ascensión es un proceso al que cada uno se suma a medida que evoluciona espiritualmente. Esto significa que toda la creación está ayudando al conjunto de los humanos a volverse como los santos y los sabios; cuando eso suceda, todas las personas podrán expresar su naturaleza divina, ser amorosas y no juzgarse a sí mismas ni juzgar al prójimo.

principal beneficio que obtendréis de ello. Un segundo beneficio es que a medida que una persona se llena de luz también lo hacen los demás seres humanos y el planeta; en consecuencia, este último retomará su Ascensión según los plazos previstos.

Acceder a los registros akáshicos es similar a pasar a través de un portal estelar. Vosotros no pasáis por las otras dimensiones para llegar a nosotros en la undécima; sencillamente, sintonizáis directamente con nosotros, de la misma manera que sintonizáis la emisora de radio que estáis buscando simplemente desplazando la aguja del dial a la posición adecuada.

¿Alguna pregunta?

¿Es recomendable que los niños aprendan a abrir sus registros akáshicos?

Pensamos que no. Los niños ya practican el libre albedrío. Aquellos que estarían inclinados a tener la oportunidad de aprender a abrir sus registros ya cuentan con una gran cantidad de libre albedrío y no se hallan frente a las dificultades con las que deben lidiar aquellos niños a quienes sí podría beneficiar acceder a los registros. Sin embargo, es improbable que estos últimos puedan acceder a ellos, porque sus circunstancias son tan difíciles que eso les impediría gozar de la conciencia necesaria. Por lo tanto, nos encontramos con un argumento circular, en el sentido de que no hay niños que podrían o querrían aprender esto a quienes pudiese beneficiar.

Afirmamos que lo ideal es que hayan cumplido los dieciocho años antes de que traten de abrir sus registros akáshicos, porque es posible que su infancia ni siquiera importe. Hay muchos maestros ascendidos*

---

* Según las enseñanzas que se encuentran en la teosofía, que no he estudiado, se cree que los maestros ascendidos son seres espiritualmente iluminados que en encarnaciones pasadas fueron humanos comunes pero que pasaron por una serie de transformaciones espirituales llamadas, originalmente, iniciaciones. En algunos casos, el maestro ascendido logró la perfección como ser humano y las experiencias de la vida le sirvieron como iniciaciones, lo cual le permite operar como un ser benevolente hacia el conjunto de la vida. Los custodios de los registros nos han informado de que muchos de estos maestros ascendidos han regresado para ayudar en la transformación del planeta. Me dijeron que el libro *Return of the Revolutionaries* [El retorno de los revolucionarios] constituye un ejemplo sustancial de su regreso.

encarnados en este momento. Si eres la madre de uno o una de ellos, probablemente has estado a punto de tirarte de los pelos, porque no le tienen miedo a nada. Y, ciertamente, la infancia de un maestro ascendido no importa en realidad; no es relevante si, como niño, se porta bien o se porta mal. No necesitan la infancia para ser maestros encarnados.

Por lo general, buscan madres que sean indulgentes y a las que no les molesten sus comportamientos extraños (sin duda los tendrán). Cuando alcancen la madurez, hacia los veinticuatro años, entrarán instantáneamente en un espacio de sabiduría y conexión; será como si alguien le hubiese dado a un interruptor.

Otra razón por la que no es recomendable que los niños entren en los registros akáshicos por sí mismos, o que otra persona lo haga en su nombre, es que les falta madurez para comprender la información que les llegue. Y, finalmente, aún no han tenido la experiencia de vida que es necesario enmendar o modificar, así que ¿qué provecho sacarían de su estancia en los registros? El objetivo del conjunto de la infancia es constituir un experimento gigantesco en el que la persona aprende a ser un humano adulto plenamente consciente. Por tanto, ser un niño es solo eso, ser un niño.

Como muchos de vosotros sospecháis, hay múltiples versiones de cada realidad, de cada elección. Depende de cada uno de vosotros que se consolide una u otra. Cuando perdéis interés en una opción alternativa, ya no la potenciáis, y se desvanece. Pensáis que si no veis una versión alternativa no es real, pero os decimos que las versiones alternativas son tan reales como vosotros. Pongamos por caso que uno de vosotros ha estado explorando las dos caras de una decisión que podría afectar a su vida, como la de ir a una determinada universidad. Tal vez se debata internamente entre dos lugares que le encantan. Cuando ha tomado una decisión pierde interés en la otra con bastante rapidez, pero es posible que no reconozca que ha tomado la mejor decisión hasta después de asistir a la jornada de orientación celebrada en la universidad elegida. O quizá concluya que se ha equivocado.

En cualquier caso, se asienta en lo que ha decidido; elige vivir con esa decisión y deja de fomentar la alternativa no elegida. Sin embargo, meses antes, previamente a tomar la decisión, tal vez antes de ser aceptado en cualquiera de los dos lugares, podría haber fantaseado con cualquiera de las dos opciones; esas fantasías llenaron el campo con su deseo, y sus deseos generan oportunidades. No todas las posibilidades existen, porque depende de vuestro deseo que las cosas se manifiesten. Vuestros deseos fundamentan la realidad, y estos fundamentos se graban en los registros, a pesar de que las experiencias, tal como las entendéis, no tengan lugar.

Queremos recordar a todos y cada uno de los que deseen elegir aprender o escuchar a alguien que ha aprendido que nunca mantengan los registros abiertos por un tiempo indefinido. Y aseguraos de trabajar desde un lugar de profunda veneración. Poder acceder a los registros akáshicos es un favor cósmico que se os ha concedido. Podéis considerar que aprender de la sabiduría de vuestros registros akáshicos es muy parecido a contar con un «infiltrado» que puede daros la visión completa de lo que está sucediendo en vuestra vida, no solo la parte que veis.

Es por esta razón que os animamos a que aprendáis a abrir vuestros propios registros akáshicos. Amamos a la humanidad y a los humanos, y los alentamos a ser la mejor versión de sí mismos en todo momento. El acceso a los registros akáshicos es una herramienta de la que podéis serviros con esta finalidad.

Eso es todo.

Prefacio

LA LLAMADA

¿Cómo llegué a ser una mensajera
de los registros akáshicos?

En 2004 me permitieron acceder a una dimensión que había estado cerrada a la humanidad durante eones. En realidad, no lo estaba buscando en ese momento, pero soy una incesante buscadora e instructora. Mi vida consiste en una oración continua por la iluminación de la humanidad y la mía propia. Soy un canal limpio de luz y amor para todos los que buscan mis servicios. Sin embargo, fue *a posteriori* cuando advertí y entendí el hecho de que había suscrito un contrato divino para trabajar con los registros akáshicos.

Todo empezó cuando recibí un mensaje en un sueño lúcido. Estaba en Atlanta esperando a mi anfitriona, que estaba reunida con un electricista con motivo de las obras en su nueva oficina. Me encontraba dentro de su cálido coche después de dirigir un taller que había durado todo el día. La estaba esperando para irnos a cenar, pero me quedé dormida. Me desperté del sueño con un mensaje muy claro.

Me dijeron que una conocida astróloga, que también se encontraba en Atlanta, debía transmitirme un mensaje. La llamé por teléfono y hablé con su marido, a quien informé de lo que me habían comunicado. Cuando finalmente hablamos, al día siguiente, le pregunté a la astróloga sobre la actualización de mi carta astral. En un primer momento, me informó de que no transmitía mensajes de sus guías a otras personas, si bien a menudo le daban mensajes para ella misma. Sin embargo, cuando les preguntó si debía actualizar mi carta astral, le dijeron: «No, en absoluto; tenemos un mensaje para ella». En una conversación que mantuvimos más tarde ese mismo día, insistió en que nunca recibe mensajes para otras personas, así que estaba muy sorprendida de haber recibido uno para mí.

Sus propios ángeles y guías, los mismos que la orientaban en su trabajo, me comunicaron varios contenidos en ese mensaje. El primero y más importante era que me daban permiso para acceder a una dimensión que había estado vedada a la humanidad durante mucho tiempo. Además, iba a contar con orientación permanente. También me dieron otras informaciones, que son demasiado personales para que pueda revelarlas en este momento.

Les pregunté a mis ángeles y guías por qué se me transmitía ese mensaje a través de alguien con quien hablaba, aproximadamente una o dos veces al año. La respuesta fue clara y simple: «Si te hubiéramos dado este mensaje directamente, no lo habrías creído». Supe que tenían razón. Siempre he sido contraria al engrandecimiento y la autoimportancia de los instructores, y me recordaron que a causa de ello habría descartado un mensaje de este tipo tras concluir que lo había creado la mente egoica.

Después de recibir la «llamada», leí todo lo que pude encontrar sobre los registros akáshicos. Estaba familiarizada con

Edgar Cayce, psíquico estadounidense de principios del siglo XX que canalizó mensajes procedentes de esta fuente.* Encontrándose en trance, Cayce dijo que los registros akáshicos son el «libro de la vida», el cual constituye «el registro que la propia entidad individual escribe en la madeja del tiempo y el espacio a través de la paciencia y que se abre cuando el yo ha sintonizado con el infinito y puede ser leído por quienes sintonicen con esa conciencia».[1]

Al principio de la veintena, estuve en uno de los grupos de estudio Búsqueda de Dios de Cayce durante varios años.** También estudié con una organización que impartía enseñanzas sobre los registros akáshicos, pero abandoné esa línea para unirme al linaje directo de los custodios de los registros.

Enseguida recibí información clara y precisa sobre determinadas modificaciones que había que efectuar con el fin de evitar que energías ajenas interfiriesen en el acceso a los registros. Sin embargo, fui reacia a proceder. Quería respetar su tradición, pero el espíritu tomó medidas por mí. Mientras fui profundizando en mi propio conocimiento de los registros akáshicos, fui viendo muy claro lo que debía hacer. Cuando empecé a ofrecer el servicio de abrirlos para otras personas, me di cuenta de que gran parte de la información que había estado dando en clase durante los veinte años que hacía que impartía enseñanzas espirituales también provenía directamente de ese espacio.

---

* Edgar Cayce fue un místico cristiano estadounidense, también conocido como «el profeta durmiente», que respondía preguntas sobre temas tan variados como la curación, la reencarnación, las guerras, la Atlántida y eventos futuros mientras estaba en trance. Se mantuvieron registros de todas las sesiones de sanación en las que canalizó mensajes. Después de su muerte se creó una organización sin ánimo de lucro, la Association for Research and Enlightenment ('asociación para la investigación y la iluminación'), con el fin de facilitar el estudio de su trabajo. Es el psíquico cuya labor se ha documentado en mayor medida en la historia: existen más de catorce mil sesiones grabadas, de más de diez mil sujetos, efectuadas entre los años 1901 y 1943.

** *A Search for God* (Búsqueda de Dios) es el nombre que reciben los grupos formales de estudio de Edgar Cayce en todo el mundo.

Hay quienes han asegurado que las experiencias provienen de los registros akáshicos, pero lo cierto es exactamente lo contrario: todas las experiencias se registran, momento a momento, después de que han acontecido. Los futuros posibles existen como una energía gaseosa, que se entreteje y ondea misteriosamente insinuando posibilidades. Las proyecciones de futuro en las que nos planteamos si sería conveniente elegir una determinada opción suelen dar mayor consistencia a estos hilos inmanifestados, hasta que nosotros mismos u otras personas emprendemos la acción.

Aprenderás mucho estudiando el material que ofrezco en este libro, en el que comparto todo lo que es de naturaleza general que puede revelarse. En consideración a la privacidad y la confianza depositada en mí, he cambiado los nombres de los implicados para proteger sus identidades; también he modificado las situaciones en las que estuvieron involucrados. Las sesiones de registros akáshicos son una realidad más de la vida: basta con que mires la cantidad de gente que ofrece lecturas por todo tipo de precios; en Internet, encontrarás opciones por todas partes. Ahora puedes aprender fácilmente cómo acceder a esta zona vibratoria y hallar respuestas a tus preguntas.

Me gustaría ser tu guía en el magnífico viaje hacia tus propios registros akáshicos. Incluso si no quieres aprender a abrirlos, encontrarás mucha información que te permitirá explorar y entender más la vida que se desarrolla en este planeta y el proceso de autodescubrimiento.

LA ELEVACIÓN DE TU MUNDO

¿Por qué acceder a los registros akáshicos?

Los registros akáshicos son un vasto sistema de conocimiento cósmico que ha cuajado a partir de la existencia de la vida en todo el cosmos. Cada ser humano los alimenta (y siembra) con su conciencia, sus deseos y sus sentimientos. Los registros akáshicos contienen tanto el pasado y el presente como los posibles futuros; estos últimos existen a partir del potencial del alma y de la forma en que esta «nutre» al conjunto del campo. La mente subconsciente sostiene la energía de «todo lo que es» para esa alma humana.

Los registros constituyen un archivo virtual de todo lo que hay. Surgieron espontáneamente de la idea de contar con un registro independiente adicional a la base de datos de las experiencias de la vida de un individuo, que también contuviese las cargas emocionales y los puntos de vista de esa persona. Cada ser humano tiene sus propios registros akáshicos y lo mismo ocurre con todos los demás seres vivos del cosmos. La Tierra tiene sus registros akáshicos y el sistema solar también. En ellos pueden encontrarse todos los pensamientos, palabras y actos.

Once datos sobre los registros akáshicos

- Los registros akáshicos son un campo vivo de luz líquida.
- Los registros akáshicos son la biblioteca de todo lo que es y todo lo que puede ser.
- Los registros akáshicos están disponibles para todos los que los buscan.
- Los registros akáshicos son como una filmoteca a la que se puede acceder de forma instantánea.
- Se puede ver el pasado junto con los futuros probables.
- Todas las versiones de la realidad están disponibles.
- Por lo general, solo se ve una línea de tiempo para una persona o grupo en cada ocasión.
- Los futuros probables permiten informarse bien antes de tomar una decisión.
- Los registros akáshicos están ubicados en un entorno exterior al mundo tridimensional que conocemos.
- El interés en ellos se ve favorecido por un permiso que hace posible el acceso a este ámbito desde la realidad tridimensional a través de los guías de los registros akáshicos.*
- Cualquier persona puede aprender a acceder a sus registros akáshicos personales.

---

* Es necesario distinguir entre los miembros del gran grupo de seres no terrenales llamados guías de los registros akáshicos, y las personas que se han formado con mi organización para acceder a los registros de clientes individuales y recabar información para ellos. Estas personas son los *guías de Akashic Records International, o guías de ARI.*

Hay quienes piensan que los registros akáshicos son el campo unificado, pero no lo son. El campo unificado es la «sopa» en la que vivimos. Rudolph Steiner, famoso místico austríaco y fundador de la Sociedad Antroposófica, que tuvo contacto con mundos no físicos, señaló que el akasha era «materia plástica, creativa en su naturaleza física». Por lo tanto, los registros akáshicos son los datos que hay dentro del campo del akasha. A pesar de que la ciudad de Nueva York está dentro del estado de Nueva York, no son lo mismo; la ciudad es un subconjunto dentro del estado. El campo unificado y los registros akáshicos pueden presentar semejanzas, pero un guía de ARI experimentado sabe detectar las diferencias. Un guía de los registros akáshicos es como un *sherpa* o guía de montaña que está íntimamente conectado con ese ámbito y acepta acompañar a la persona. Los registros akáshicos son un campo viviente y, como tal, podrían verse alterados sin querer por los humanos que entrasen en ellos. Es probable que no puedas entrar realmente, porque tu presencia podría causar una reacción en cadena cuando, al observar determinados contenidos, los juzgases y reaccionases. Los guías de los registros akáshicos te transmitirán información, de forma amable y amorosa, para ayudarte a comprender circunstancias grabadas en tus registros que puedan arrojar luz sobre tu situación actual.

Aunque la palabra *akasha* es sánscrita, idioma en el que significa 'cielo' o 'invisible', no designa automáticamente los registros akáshicos. El maravilloso libro de Ervin Laszlo *La experiencia akásica: la ciencia y el campo de memoria cósmica* insinúa que todo lo que no es local proviene de los registros akáshicos. Aunque admiro mucho el trabajo de Laszlo, no estoy de acuerdo con eso. Ocurre lo contrario: la creación produce los eventos que se graban en dichos registros. Es imposible que algo que no existe sea creado en los registros akáshicos. Si estos fuesen la fuente, ¿quién o qué estaría produciendo los datos? De hecho, la conciencia produce la información local y no local; los registros akáshicos son el ámbito en el que se archiva esta actividad.

Laszlo hace un trabajo maravilloso al compilar algunos indicios sorprendentes que se desprenden de los datos de las investigaciones efectuadas sobre la no localidad por parte de varios investigadores de todo el mundo. También afirma lo siguiente:

> La ciencia está experimentando un cambio de paradigma fundamental. El paradigma actual dominante basado en que hay cosas materiales separadas conectadas por relaciones mecanicistas de causa y efecto está fallando; cada vez hay más circunstancias y procesos que no puede explicar. La concepción clásica de la ciencia sobre el universo ha resultado ser defectuosa. El principal componente del universo es la energía y no la materia, y el espacio no es vacío ni pasivo, sino que está lleno de energías e información virtuales. El universo es un sistema integral en evolución, asombrosamente coherente e interconectado.[1]

Existe el error habitual de considerar que todo lo que es «de otro mundo» es el campo akáshico. Esto es una gran exageración. También existe la idea de que el campo akáshico influye en nuestra vida. Esto es categóricamente falso. El campo en sí *no* influye en los resultados. Cada uno es el único árbitro de su influencia en su vida. Es la decisión de cada cual (su libre albedrío) utilizar la información que obtenga de los registros akáshicos para mejorar sus circunstancias.

Originalmente, los datos solo tenían que ver con la recopilación de experiencias y probables escenarios a medida que eran contemplados. Posteriormente se permitió que entraran en los registros más personas además de los chamanes e instructores espirituales, y en la actualidad todo el mundo puede acceder a los datos y usarlos para su beneficio. Ahora, los datos pueden fluir hacia nosotros para que dispongamos de ellos como recurso.

Los registros akáshicos comprenden un campo que contiene el pasado, el presente y posibles futuros. Este campo se encuentra fuera del ámbito físico de la tercera dimensión que tú y yo reconocemos. Sin embargo, es fácil acceder a los registros akáshicos, pues están disponibles para todos quienes deseen recibir información. Al igual que en una biblioteca, encontrarás registros de lo que elegiste en el pasado, lo que estás pensando en el presente y lo que te estás planteando en relación con el futuro. Por este motivo, acceder al akasha *no* es efectuar una lectura psíquica. El futuro está realmente abierto al cambio.

Un estudiante me preguntó recientemente: «Has dicho que los registros akáshicos están abiertos para las personas de la Tierra, como lo está una biblioteca pública. En la Tierra, se requiere un carné para pedir prestado un libro o incluso para entrar en el recinto. ¿Cómo es posible que podamos acceder a los registros akáshicos enseguida, desde el primer día, a través de una sencilla oración? ¿No estamos autorizados y, sin embargo, se nos permite estar en un lugar sagrado como este?».

Es muy probable que puedas acceder a los registros el primer día. Sin embargo, si no estás en una clase o taller, debes obtener permiso. El permiso te es concedido cuando pides trabajar con esa energía. Pero hay razones por las que puede ser que no se te conceda. Tal vez estés demasiado cansado, hayas bebido alcohol la noche anterior o tengas previsto enzarzarte en una discusión más tarde y no conviene que esa energía se desperdicie. La información contenida en los registros akáshicos tiene que ver con el *crecimiento del alma*. Quienes tienen «malas» intenciones y no están interesados en el crecimiento del alma no pueden obtener información que les sea útil; el resultado de su exploración se vería limitado por sus propias vibraciones y su mentalidad más que por los registros akáshicos en sí.

Acceder a los registros es diferente de entrar en ellos. Se supone que ningún ser humano debe estar «dentro» de ellos, porque son un campo vivo y una presencia humana podría afectarlos, como está a punto de hacer el personaje de Michael J. Fox en una escena de la película Regreso al futuro: el personaje de Fox es un adolescente que ha viajado en el tiempo y se encuentra de pronto en la escuela secundaria en la que estudiaron sus padres. En un momento dado, está con su futura madre, siendo ella también adolescente; ella se siente atraída por él, lo acorrala y trata de besarlo. Él mira la foto de familia que lleva en el bolsillo y ve que su propia imagen ha comenzado a desvanecerse. ¡Por supuesto, se aleja de ella!

Sin embargo, en mis clases todos los alumnos llegan hasta el «umbral» de los registros y acceden a ellos el primer día. De hecho, ni siquiera necesitas ir a mis clases para acceder a los registros akáshicos, ya que todo el mundo tiene permiso para hacerlo. De todos modos, como ocurre con todas las clases, un aula presenta las ventajas de que se cuenta con un profesor experimentado y de que los alumnos hacen preguntas; además, el hecho de trabajar en un entorno de aprendizaje ofrece una estructura de base. Puedes formarte con los instructores de ARI o conmigo y obtener información sobre estos cursos en AkashicRecordsGuides.org.

Es una verdadera bendición trabajar con los registros akáshicos, ya sea con un lector o un guía. Puedes examinar varias versiones del futuro y las opciones que te llevarán adonde realmente quieres ir. Como guía de los registros, descubrí que cuando estoy ahí con un cliente hay una cualidad o energía reconocible que indica claramente que las partes implicadas aún no han tomado decisiones cuando esto es así. Esto puede deberse a que una de las personas involucradas en el proceso no se ha decidido respecto al tema sujeto a examen o a que no ha consolidado su rol.

Algunos instructores afirman que los registros akáshicos se encuentran en el ADN. Esto es verdad hasta cierto punto. Para hacer una analogía, piensa en la biblioteca de tu pueblo o barrio y en una gran biblioteca. Aunque los registros locales pueden estar contenidos en tu ADN, el acceso a ellos cambia directamente las posibles perspectivas y la magnitud de la información obtenida.

Los registros akáshicos están «fuera» de la «sopa» de la creación. Desde una perspectiva lógica, no es posible que los registros estén en la «sopa» y al mismo tiempo estén grabando la actividad que están recopilando. Esto sería como una referencia circular en una hoja de cálculo. El uso de una recopilación de datos externa (por ejemplo, los registros akáshicos) desde el interior de un sistema para compilar todos los datos del sistema daría este resultado.

Los registros akáshicos son un campo *vivo* que presenta un movimiento que refleja instantáneamente tus movimientos, junto con los de todos los demás. Puesto que los registros akáshicos, también conocidos como el libro de la vida, están vivos, el campo cambia y se mueve para reflejar quién eres y las elecciones que estás efectuando en el momento presente. Incluso si encarnas con un plan y unos contratos por cumplir, *puedes* cambiar ambos, y es posible que lo hagas. Esto es más fácil de realizar si tienes acceso a los registros akáshicos.

El libro de la vida te brinda una visión panorámica completa de tu existencia en este mundo, de trescientos sesenta grados. Esto significa que los custodios de los registros pueden ofrecerte

una revisión de las experiencias desde una perspectiva impar-
cial. Si invocas a los maestros ascendidos (como se describe más
adelante) para que te ayuden con tu trabajo en los registros, ello
garantizará que la información que recibas sea precisa.

¿QUÉ APRENDERÁS DE LOS REGISTROS AKÁSHICOS?

Tu libro de la vida te ayudará a experimentar y comprender las
muchas capas de existencia que componen tu vida. Cuando estés
en los registros, podrás aprender sobre temas que te impactan y
preocupan personalmente.

Si eres madre, hay disponible información sobre tus hijos
en función del grado en que estés participando en sus vidas. Si
aún están bajo tu cuidado, es probable que se te conceda un acceso total. Si son adultos y siguen viviendo en el hogar familiar,
la información se limitará a las interacciones que estéis mante-
niendo. Es mejor que preguntes acerca de tu relación con ellos
en lugar de hacerlo sobre su futuro; preguntar sobre su futuro
implica un tipo de predicción que puede estar disponible para
ti o no estarlo.

No es recomendable abrir los registros de los menores de
dieciséis años, ya que aún están tomando decisiones sobre su
vida. No te conviene poner en la cabeza de tu vástago adolescente, innecesariamente, una idea que puede intentar hacer realidad
o no solo para oponerse a ti.

También puedes recibir información sobre tu pareja, tus
socios y cualquier otra persona con la que estés interactuando.
Recuerda que la información disponible para ti tiene que ver directamente con la relación que tienes con la otra persona. Una
amistad casual permite obtener menos datos, mientras que una

amistad cercana permite obtener más sobre vuestras interacciones. Además, puedes formar parte de un grupo más grande dentro de la humanidad y se te puede dar información sobre la Madre Tierra.

Unirte a las filas de aquellos que están interesados en el campo akáshico te lleva a estar en buena compañía. Muchos individuos afirman que ya sabían mucho de lo que les habían dicho sus custodios de los registros, pero que les supuso una inyección de moral saber que no estaban locos, que no se habían inventado esa información y que podían proceder según ella. Acércate siempre a tus sesiones en los registros akáshicos con veneración y respeto, sean cuales sean las preguntas. La veneración es lo más importante, ya que te otorgará un acceso cada vez mayor.

LAS PREDICCIONES EN LOS REGISTROS AKÁSHICOS

La forma más fácil de explicar las lecturas de los registros akáshicos es decir que no son lecturas psíquicas. Los custodios de los registros están ahí por el bien del crecimiento de tu alma; solo por esta razón, puedes hacer cualquier pregunta que desees. No encontrarás información de naturaleza predictiva como en las lecturas psíquicas, aunque este tipo de información puede aparecer en los registros. Las respuestas de los custodios de los registros akáshicos se basan en las elecciones de los individuos implicados. Los seres humanos rara vez toman decisiones de forma repentina, sino que a menudo las van cambiando a medida que va aumentando su nivel de conciencia. Al ir tomando sus decisiones a intervalos, los indicios de estas decisiones se manifiestan en lo que puede denominarse información de naturaleza predictiva. A medida que vayas buscando información irás adquiriendo comprensión, conocimientos y una gran compasión en relación con las situaciones, las circunstancias y los sucesos que se presenten en tu vida.

Escuché una historia en mi grupo de estudio Búsqueda de Dios, hace más de treinta años, contada por Gladys McGarey, la esposa del famoso matrimonio y equipo médico que trabajó con los remedios de Cayce durante años. Habló sobre sus hijos, que eran pequeños y siempre parecían estar enfrentados. En un momento dado, desanimada por la rivalidad existente entre los hermanos, le dijo al mayor:

—¡Sabías que vendrías a esta familia antes de nacer!

Sin pensárselo ni un segundo, el niño, de seis años, miró a su hermana pequeña y dijo:

—Sí, ¡pero no sabía que ella vendría cuando decidí estar en esta familia!

Por regla general, siempre hay más de un resultado disponible para cada decisión. Esta es la razón por la que acceder a los registros mientras intentas tomar una decisión te permite visualizar resultados a partir de tus pensamientos y acciones *probables*. Asimismo, te permite explorar lo que podría suceder si cambiaras tus planes. También es cierto que por medio de la precognición y la visualización remota del futuro puedes «iluminar» el campo con tus elecciones y preferencias. Del mismo modo que puedes elegir el camino iluminado porque es más atractivo, ayudas a tu yo futuro y contribuyes a las decisiones futuras en episodios en los que puedes sembrar de forma proactiva las posibles opciones con tu huella energética, haciéndola más atractiva.

Predicciones útiles para la vida

En una ocasión viví una experiencia extraordinaria con una clienta habitual a quien conocía desde hacía años. Al final de una

lectura, preguntó si un determinado compañero de piso potencial sería una buena opción para ella. Los guías de los registros
akáshicos le dijeron, a través de mí:

—Será una buena opción mientras dure.

Sorprendida, preguntó:

—¿Cómo que mientras dure? ¿Acaso no se va a quedar?

—En efecto —fue la respuesta.

—¿Cuándo se irá?

Los custodios de los registros respondieron, a través de mí:

—En julio.

Esto era al mes siguiente. Estaba previsto que ese hombre se
trasladase al piso al cabo de pocos días, en junio. Ella preguntó:

—¿De qué año?

—De este año —respondieron sus custodios de los registros.

—Bueno, entonces ¿tal vez no debería alquilarle el piso? —quiso saber, muy preocupada.

Los custodios de los registros le contestaron a través de mí:

—No, mantén tu trato con este hombre, ya que con el tiempo llegará la compañera de piso de tus sueños.

¡Y resulta que eso fue exactamente lo que sucedió! El hombre tuvo un problema con las drogas, fue despedido de su trabajo
y se marchó repentinamente. La nueva inquilina que encontró
en agosto ni siquiera estaba buscando alquilar en junio. ¡Resultó
ser una compañera de piso ideal y una amiga encantadora!

El conocimiento previo de que las cosas podrían no funcionar con un nuevo compañero de piso sería útil porque nos per-
mitiría atenuar el efecto de nuestras emociones de incomodidad
debidas a una situación dramática y decepcionante como la des-
crita. Esto puede ser muy beneficioso, y en el caso de esta clienta pudo confiar en que su elección de ese compañero de piso
era la adecuada para ella en ese momento, ya que efectivamente

encontró a la compañera de piso ideal dos meses después. Esa nueva compañera vivió con ella durante todo el tiempo estipulado en el contrato de arrendamiento; pasaron un año estupendo juntas y siguen siendo amigas.

¿QUÉ OCURRE AL ENTRAR EN LOS REGISTROS?

Cuando accedemos a los registros, nunca entramos realmente en ellos, sino que llegamos hasta su umbral. Cuando digo, para simplificar, que *entramos* en los registros akáshicos, que *estamos* en ellos o que los *abrimos*, siempre estoy haciendo referencia a esta realidad. Tu trabajo con los guías de los registros siempre tiene lugar en el borde del campo akáshico. Estos guías son como bibliotecarios y te ayudarán a obtener la información que estás solicitando. Entrar directamente en los registros no sería recomendable. ¿Puedes imaginar tu reacción si vieras que alguien que está en tu vida ahora te lastimó en una vida pasada? ¡Podrías responder con pasión si ves que tu cónyuge actual es la persona que te asesinó en una vida anterior!

Edgar Cayce llamó *el libro de la vida* a este sistema de conocimiento. Muchos lo ven como una biblioteca, pero es mucho más que eso. Yo lo he experimentado como un campo vivo, que pulsa y vibra plenamente. Si te encontraras físicamente en él, sentirías algo así como si estuvieras en el océano y olas de energía pasasen a través de ti. Este campo está fluctuando y moviéndose sin cesar. Esto se debe a que la vida oscila continuamente y los registros akáshicos son un reflejo de este movimiento.

Me viene a la mente la historia de un cliente mío, un hombre que quería atraer a su amada. Contaba con una muy buena educación y tenía el mundo en sus manos. Sin embargo, pude ver que había vivido muchas vidas como monje. Pude ver esto en los registros tan claramente como podía verlo a él frente a mí. A pesar de que realmente quería una compañera, no estaba dispuesto a soltar las prioridades que tuvo como monje, los votos que había tomado y sus experiencias solitarias. Esta es a menudo la razón por la que tantas personas profundamente espirituales tienen problemas económicos: aún están tratando de mantener sus votos de austeridad y pobreza.

Sin embargo, en la vida actual este hombre esperaba alcanzar el deseo de su corazón: tener una amada. Los custodios de los registros le indicaron que accediera a su vida como monje y la reetiquetara como *una* forma de estar en la vida, no como la única, y le dieron la instrucción de que les otorgara valor a ambas formas de vivir. Después de esa sesión en los registros akáshicos, conoció a su amada y se casó con ella en unos pocos meses.

¿Qué sucede cuando abrimos los registros akáshicos?

Una versión nuestra se activa en la undécima dimensión, aquella en la que se encuentran los registros akáshicos. Se abre un portal o nexo que nos permite conectar directamente con este aspecto de nosotros sin pasar por las dimensiones intermedias. La undécima dimensión es un estado vibratorio que expande nuestra conciencia hasta la vibración de los registros akáshicos. Cuando nuestra vibración está sintonizada y somos compatibles con este estado vibratorio, podemos acceder fácilmente a la información proveniente de esta dimensión superior.

La undécima dimensión está considerablemente alejada de las experiencias de la tercera dimensión. En el sistema del linaje en el que enseño, también es conveniente aprender a acceder al yo superior, la versión de quinta dimensión de cada uno de nosotros que no alberga sesgos, prejuicios ni preferencias. La quinta dimensión (5D) es un lugar en el que estar que no es muy diferente de nuestra experiencia de la tercera dimensión (3D). Ambas dimensiones pueden coexistir; sin embargo, la 5D es una zona de amor incondicional, en la que no existe la polaridad. También es una forma de ser tan poderosa que hace que sus emanaciones impregnen de amor incondicional todo lo que hay a su alrededor. Aquí hay opciones, pero todas son amorosas y amables. Tal vez nos cueste imaginar qué es el amor desprovisto de juicios debido a nuestra mentalidad típica basada en la polaridad. Es posible que hayas descubierto en qué consiste al pensar en alguien que ha sido amable contigo, en un extraño que te ayudó o en el amor incondicional de una madre por su hijo. O quizá pueda ayudarte a entenderlo imaginarte a un abuelo que ama a sus nietos a pesar de su comportamiento... Para profundizar en este tema, te remito al capítulo nueve de mi libro *Despertar en la quinta dimensión*.

En el linaje en el que enseño, llamado Akashic Records International, te invitamos a forjar la conexión con tu yo superior. Si accedes a los registros akáshicos desde tu yo superior, podrás hacer que tu personalidad, tus prejuicios y tus juicios no interfieran en la comunicación; de ese modo podrás ser un canal preciso y distinguible para los guías de los registros akáshicos.

Partir de la 5D te beneficiará porque de forma fácil pasarás a contar con un canal a través del cual recibirás una información precisa que podrías no estar esperando. Tus guías de los registros akáshicos te sorprenderán con su información cariñosa, amable y cortés, incluso cuando las respuestas que estabas buscando no sean las que recibas.

¿Cómo podemos acceder a la información contenida en los registros?

El acceso a la información grabada en los registros akáshicos tiene lugar a través de la solicitud sincera de acceder a la información disponible. El procedimiento se expone en el capítulo tres. Como en cualquier formación, hay unos protocolos, que enseño, para ayudar a obtener mayor precisión. También hay que buscar ciertos indicios y señales, que los custodios de los registros llaman *indicadores* (se analizarán en el capítulo cinco). Piensa en cuando estás buscando la autenticación de que te has conectado a Internet o has pagado una factura. Tu ordenador autentifica la conexión y luego valida que sea segura y precisa con la programación interna del *software*.

Utilizo una oración sagrada como punto de entrada básico. Luego invocamos a los maestros ascendidos que supervisan los registros akáshicos junto con los guías de aquel a cuyos registros se está accediendo. La persona trabaja con los bibliotecarios de consultas, también conocidos como los custodios y guías de los registros akáshicos, quienes forman parte del campo vivo del akasha y disponen los preparativos para la comunicación en el momento en que la persona decide acceder a los registros.

Algunos de estos bibliotecarios son permanentes y su mismísima existencia está totalmente entrelazada con el campo energético de los registros. Otros seres asumen la tarea y están allí de manera no permanente. Hay seres humanos en la Tierra que estuvieron encarnados en los registros akáshicos en un tiempo anterior. Estos seres bendecidos nacen con una huella energética beneficiosa de dichos registros. Una de mis alumnas es uno de estos seres. La información que transmitía era muy auténtica y precisa, e incluso su nombre era un acrónimo de *registros akáshicos*.

ARI

Mi trabajo en los registros akáshicos fue aprobado e iniciado por los custodios de los registros, quienes me dieron instrucciones para fundar una organización llamada Akashic Records International (ARI) y para enseñar este trabajo en todo el mundo a través de dicha organización. Los guías de ARI están capacitados y certificados para trabajar con la gente y abrir sus registros. Para obtener más información, consulta www.AkashicRecordsGuides.org.

¿QUIÉNES SON LOS AUSPICIADORES?

Los auspiciadores (patrocinadores, favorecedores) son maestros ascendidos muy respetados y conocidos: el gran director divino, la diosa de la libertad, *Lord* Sanat Kumara y *Lord* Metatrón.

En realidad no necesitamos auspiciadores, pero nos ayudan a hacer nuestro trabajo desde un espacio de precisión y humildad. Nosotros y las personas a las que formo nos dedicamos al servicio, y cuando les pedimos a los maestros ascendidos que han favorecido esta tradición que nos ayuden, lo hacen. Esto significa que contamos con cierto «control de calidad» procedente de lo alto. Somos humanos y aunque nuestra conexión es buena y los guías de ARI son realmente excelentes en lo que hacen, sabemos que la humildad es primordial.

Es posible que uno piense que está recibiendo información de los registros akáshicos cuando, en realidad, se la está proporcionando una entidad o energía que no mora en ese espacio. Llamar a los maestros ascendidos asegura el éxito. Esta es otra razón por la que les pedimos a los maestros ascendidos, llamándolos por su nombre, que se presenten y nos favorezcan.

El gran director divino

El gran director divino es el supervisor de la vida en la Tierra. Está bañando constantemente el planeta con su energía de devoción a la voluntad de Dios, para facilitar que los humanos, dotados de libre albedrío, encuentren su camino. Lleva consigo los diseños para la gran edad de oro y puedes pedir que se impriman en ti. Cuando lo llames, recibirás una nueva comprensión de tu dirección divina. Uno de sus retiros etéreos está dedicado a la cruz de Malta. Si experimentas atracción por este símbolo, probablemente seas una de las almas que han venido a aportar estas energías divinas a través de los diseños alojados en este retiro etéreo.

Figura 1.1. La cruz de Malta.

El gran director divino está a tu disposición en la medida en que permites que tu conciencia esté disponible. Conectarte con él te unirá magnéticamente a tu voluntad divina. Indagar en tus registros akáshicos te facilitará esta tarea, ya que verás satisfecho el deseo humano de saber y entender el gran *porqué*.

Lo estuve llamando a mi conciencia durante muchos años, hasta que, finalmente, experimenté su presencia energética por primera vez mientras estaba impartiendo una formación en China. Apareció en mi conciencia visual durante una sesión con cuencos de cristal, que uno de los organizadores tocó para mí a modo de presente. Todo mi ser se inundó con su increíble energía azul. Vi su aspecto en mi mente; su enorme cuerpo causal, de color azul, es más grande que nuestro planeta. Lo tomé como una señal de que debía regresar a China para impartir muchas más formaciones. Le estoy agradecida por haberme «promocionado» en ese país. Es el ser que trabaja contigo (y con todos nosotros, si lo solicitamos) en esta formación y en tu propio trabajo dedicado a ti y a otras personas en los registros akáshicos.

Figura 1.2. El cuerpo causal del gran director divino.

Sanat Kumara

Sanat Kumara lleva tanto tiempo conmigo como puedo recordar. No supe quién era hasta que tuve veintitantos años, cuando vi por primera vez una imagen de él: la representación de Dios Padre de la capilla Sixtina del Vaticano, aquella en la que «Dios» señala con su mano y casi toca la mano del hombre. La primera vez que contemplé esta imagen solo vi su cabeza; sin embargo, sentí una familiaridad instantánea y la necesidad de adquirir una copia de este primer plano del famoso fresco. La tuve colgada en mi sala de estar en un lugar muy visible durante más de veinte años, hasta que me mudé a un sitio más pequeño y tuve que desprenderme de ella. Para entonces, esa imagen estaba impresa en mí de todos modos.

Sanat Kumara es el gran gurú y salvador de la Tierra. Cuenta con un nombre en todas las grandes religiones: Anciano de los Días, Skanda/Kartikkeya, Brahma-Sanam Kumara e incluso Hombre Verde, para los musulmanes sufíes.

¿Puedes recordar un momento en el que creaste algo en tu cocina que te salió tan mal que decidiste tirarlo en lugar de comerlo? Pues bien, así de mal estaban las cosas en este planeta cuando Sanat Kumara intervino para salvarlo de la destrucción. No fue un asunto menor para Sanat Kumara acudir a la Tierra con su familia y sus amigos. Según la tradición, vino de Venus a nuestro planeta en el peor momento que estaba atravesando este, con ciento cuarenta y cuatro mil almas voluntarias muy avanzadas, para sostener la luz de Dios en la Tierra cuando la Gran Junta Kármica* la hubo declarado un experimento fallido.

Cuando estuve en Japón por primera vez, Sanat Kumara vino a verme en la primera noche que pasé allí. A pesar de que es bien conocido en las principales religiones del mundo, dudé sobre si preguntarle a mi traductora si había oído hablar de él alguna vez; no quería avergonzarla o ponerla en un apuro. Más tarde, me sorprendió descubrir que muchos japoneses veneran a Sanat Kumara y hacen peregrinaciones al monte Kurama,** donde creen que aterrizó con su nave espacial procedente de Venus.

Apenas unos días después, en mi tiempo de descanso y con la ayuda de mi traductora organizamos una excursión a ese lugar sagrado, en el que los japoneses crearon un monumento en el suelo dedicado a Sanat Kumara (ver la figura 1.4). Aunque no he encontrado información relativa a este aterrizaje en ninguna otra parte, podemos creer que ocurrió de verdad.

---

* La Gran Junta Kármica es un grupo de ocho maestros ascendidos cuyo deber es ayudar a los humanos por medio de arbitrar entre la humanidad y asesorarla en sus estancias terrenales. (Fuente: custodios de los registros akáshicos).

** Date cuenta de que la ortografía del monte, Kurama, es ligeramente diferente del nombre de este gran ser, Sanat Kumara.

Figura 1.3. Sanat Kumara.

Figura 1.4. Punto en el que aterrizó Sanat Kumara, en Kioto.

La diosa de la libertad

Me fascina la diosa de la libertad, y he estado recopilando fotos y símbolos de este ser cósmico desde cuando alcanzo a recordar. Su retiro etéreo se estableció en la Gran Estación Central de Nueva York, y también se encuentra en el sur de Francia.

Mucho antes de mudarme a la ciudad de Nueva York ya tenía objetos de interés que la representaban como amiga y auspiciadora. Aunque esta imagen lúdica (figura 1.5) en la que puedes verme con una réplica de la Estatua de la Libertad en un centro comercial de la ciudad de Nueva York muestra que no me tomo demasiado en serio a mí misma, sí me tomo en serio la orientación que recibo. Sé que tú también lo harás.

Figura 1.5. La autora con la Estatua de la Libertad en un centro comercial.

La diosa de la libertad forma parte importante de nuestro trabajo y estamos agradecidos por su apoyo. De hecho, ni siquiera recordaba que tenía esta foto, pero la dama de la libertad debió de enviarme el recordatorio, porque cuando estaba trabajando en este libro se me mostró dónde estaba: en una carpeta, que no estaba identificada de ningún modo, que usé seis años atrás.

Además de contar con su famosa estatua en Nueva York, la dama de la libertad se encuentra en la cima de las cúpulas de numerosos capitolios estatales de Estados Unidos, entre ellos el de

Madison, en Wisconsin. En la mitología griega es un icono conocido como Deméter y representa el concepto de la libertad y las libertades individuales. La libertad individual no es lo mismo que las libertades políticas; la primera es la autenticidad y la capacidad de hacer que los pensamientos, las palabras y los actos sean coherentes entre sí.

Figura 1.6. La Estatua de la Libertad.

Como maestra ascendida, esta diosa es la presidenta y portavoz de la Gran Junta Kármica y sostiene la conciencia divina de la libertad para nuestro mundo. La misión de la diosa de la libertad es sostener la llama de la libertad de la gratitud divina, la cual quema todo tipo de opresiones. Para mí, personalmente, también representa a la mujer o al hombre liberados que están al servicio pero no sometidos a servidumbre. Ella trabaja con la humanidad de la Tierra para mantener viva la llama de la gratitud y la libertad. Es su profunda entrega a la humanidad lo que la llevó a interceder y asegurar la liberación de la luz cósmica[*] en la pasada década de los treinta, después de que las viejas leyes ocultistas se dejaran de lado.

Para cada uno de los que trabajamos individualmente con los registros akáshicos, también representa nuestra *naturaleza divina* o *llama divina*, la cual nos permite acercarnos a dichos registros desde un espacio de no dualidad que permite que se revele la verdad.

Se ha informado de que la diosa de la libertad es el ser que le proporcionó a George Washington una visión del futuro que le dio el coraje necesario para proseguir con sus esfuerzos de hacer frente a los británicos.[2] Yo fui la madre de George Washington en una de mis vidas pasadas y siento una fuerte conexión con su energía.

Lord Metatrón es el supervisor de los custodios de los registros akáshicos

Como ser cósmico, *Lord* Metatrón sostiene la matriz divina, el punto de la creación en el que la energía de Dios produce la manifestación al enfocar intencionadamente la energía en formas geométricas —la matriz divina contiene las semillas de todo tipo de vida que hay en el cosmos—. *Lord* Metatrón está sentado en el umbral de la creación; es el supervisor del reino angélico y

---

[*] En épocas anteriores se crearon en nuestro planeta escuelas de misterios y sociedades secretas para evitar las persecuciones y las burlas; la necesidad de mantener el secreto se extendía también al concepto de formarse para ser un instructor espiritual o un custodio de la sabiduría. En la década de los treinta la jerarquía espiritual anunció la disposición según la cual todos los buscadores, y la humanidad en general, podían acceder al conocimiento oculto. Este regalo sagrado de luz cósmica puede entenderse como la «gracia» de permitir que los no iniciados adquieran este conocimiento de manera segura.

está sentado a la derecha de Dios. Nos dice: «Soy uno con Dios, pero no soy Dios. Llevo los setenta y dos nombres de Dios. Aparecí en la existencia cuando Dios quiso manifestarse. Soy *el* guardián entre el caos y el vacío y las formas manifiestas».[3]

Lord Metatrón me ayuda a llevar la matriz de la geometría sagrada. Esta matriz es la plantilla de la expresión de la creación divina en la materia, y es lo que permite a los seres humanos co-crear con Dios. Creo que él está conmigo en todas las enseñanzas sobre geometría sagrada que son transmitidas a través de mí. Los seres ascendidos a los que llamamos para que supervisen nuestro trabajo disponen una hermosa matriz geométrica —un patrón geométrico individualizado para cada persona— a nuestro alrededor que hace las funciones de rejilla y conector con los registros akáshicos. La instauración de esta matriz la inicia *Lord* Metatron y está disponible para quien abre los registros akáshicos invocando su nombre.

El poder de la invocación

Al invocar a cada uno de los auspiciadores por su nombre los estamos invitando a participar en nuestro proceso; así les estamos permitiendo llevar a cabo su trabajo de servicio a la humanidad a través de nosotros. ¡Es esta increíble asociación amorosa lo que hace que este linaje de los registros akáshicos sea tan potente! Llevo muchos años trabajando con los *Lords* de los registros akáshicos y he aprendido muchas cosas para el beneficio de mis clientes y alumnos. El acceso a los registros está limitado a aquellos que lo piden. Es un gran placer para mí compartir mi amor y respeto por los maestros ascendidos que nos aman, valoran y apoyan este trabajo favoreciendo nuestros esfuerzos.

Nos sentimos honrados de que los maestros ascendidos hayan seguido manifestándose en nuestras vidas. ¡Puedes pedirles que se manifiesten también en la tuya! Basta con que se lo pidas. Puedes hacerlo con estas palabras:

Pido a la diosa de la libertad, a Sanat Kumara y a todos los maestros ascendidos que me ayuden a eliminar todos los obstáculos presentes en mi vida.

¿QUÉ ENCONTRAMOS EN LOS REGISTROS?

Muchos dirán que el campo akáshico contiene grandes cantidades de información. He visto que esta expresión informativa es fractal o espiral. Cuanto más se examina la información, más se recibe; cuanto más de cerca se mira, más detalles están disponibles. Por ejemplo, una de las guías de ARI certificadas decidió hacer exactamente la misma pregunta cada día, todos los días, durante un mes. Descubrió que cada vez que preguntaba recibía más información. Le brindaban una comprensión cada vez más profunda porque su persistencia les permitía dictarle una orientación y un análisis amorosos. La base de ello fue su sincero interés sostenido por el crecimiento y la comprensión.

Hacer una pregunta que se haya hecho antes se produce en un contexto diferente en cada ocasión, porque la respuesta anterior nos ha cambiado. Cuando preguntamos lo mismo por segunda vez, hemos sido influidos y hemos cambiado respecto a cómo éramos cuando preguntamos eso antes. Por lo tanto, volver a hacer la misma pregunta nos proporciona una compresión más profunda con cada respuesta; tenemos más información y somos personas diferentes. El conocimiento que adquirimos cada vez que hacemos una pregunta nos cambia ¡y nuestro conocimiento cambia los registros akáshicos!

El acto de hacer la pregunta también cambia nuestro futuro. Esto se debe a que es casi imposible ignorar la información que proviene de los registros y, por lo tanto, nuestras preguntas dan lugar a resultados que nos cambian con la práctica diaria. Hacer la misma pregunta cada día hará que tengas cada vez más información y que tu comprensión y tu sabiduría aumenten.

EL PROPÓSITO DE ACCEDER A LOS REGISTROS AKÁSHICOS

Los registros akáshicos contienen la grabación del viaje de nuestra alma: el pasado, el presente y los futuros probables. Aprender a acceder a ellos nos ayuda a aumentar nuestra autoconciencia para comprendernos mejor a nosotros mismos y para comprender mejor a nuestra familia, nuestros amigos y el mundo que nos rodea, y nos aporta una conciencia que nos inspira a tomar las mejores decisiones.

En última instancia, tomar decisiones óptimas nos hace más felices. A veces elegimos lo que creemos que es apropiado en el momento, pero si contamos con la sabiduría de los registros akáshicos podemos tomar decisiones inspiradas que podrían no tener sentido en nuestro mundo de la tercera dimensión. Esto nos permite avanzar espiritual, mental y emocionalmente hacia el ser humano de la quinta dimensión en el que todos nos estamos convirtiendo.

Un alumno me preguntó si de los registros akáshicos llegaba solamente la información más valiosa. Es una muy buena pregunta, pero los registros están en la undécima dimensión y allí la información no es evaluada como más o menos valiosa. Esta distinción implicaría juzgar posibles fragmentos de información. Esta pregunta se basa en una versión de la realidad de tercera dimensión que busca una forma de comprender. Cuando formulamos la pregunta de este modo, estamos acentuando nuestra existencia en la 3D. La respuesta se encuentra en enfocar el asunto desde otra perspectiva.

La información que nos llega está seleccionada de manera ideal para nosotros, en el momento preciso en que la solicitamos, por parte de nuestros propios custodios y guías de los registros. Lo que nos transmiten será aquello que nos permitirá avanzar hacia nuestro yo más evolucionado. La razón por la que cuestiono que califiquemos cierta información como «la más valiosa» es que implica que es superior a otras informaciones. Pero no hay polaridad en los registros. Hay tanto amor y compasión, tanto gozo y un cuidado tan profundo que la cualidad de *lo más valioso* no existe.

Acceder a tus registros akáshicos te llevará a descubrir el propósito de tu alma y te impulsará en cualquier trabajo espiritual que puedas estar efectuando en esta vida. Cuando aprendas a abrir los registros akáshicos, podrás discernir quién eres realmente, qué estás haciendo y hacia dónde te diriges, todo ello en favor del crecimiento del alma.

Al trabajar con los custodios de los registros podrás obtener una información totalmente precisa. Sentirás el amor y el reconocimiento que te profesan, junto con su profunda compasión por el espíritu humano. Te conocen y saben quién eres, lo que no puedes ver de ti y lo que puedes ser. Y saben qué es lo que deseas realmente. Disponen de información que puede ayudarte en los ámbitos del trabajo, la familia, las relaciones y las decisiones personales.

Puede ser que algunos busquen información en los registros akáshicos creyendo que esto les proporcionará cierta ventaja sobre los demás. No importa que su deseo pueda estar basado en el interés propio. Me encanta este deseo, porque es lo que hará que el buscador llegue a mí o a un aula. Esta idea me hace sonreír, porque incluso este deseo se verá apaciguado por las respuestas amorosas, amables y compasivas que brindarán a estos individuos los custodios de los registros. Cualquier información obtenida puede impactarnos, pero solo si permitimos que nos influya. La mayoría de las personas encuentran que esta hermosa energía es irresistible porque experimentan la belleza, la simetría y el orden del universo al acceder a los registros akáshicos. Como me dijo un guía de ARI, «la energía amorosa es adictiva».

SE ACABÓ EL KARMA

Este es un concepto totalmente nuevo, aunque llevo hablando de él desde 1995. ¿Qué significa que se acabó el karma? Sencillamente que ya no debemos soportar la carga derivada de los errores del pasado. Significa que el peso de cualquier error anterior ya no puede detenernos. A medida que aceptes esto borrarás, literalmente, el historial de los errores grabados en tus registros. Cuando adquieras conciencia de que todas las experiencias son valoradas, los registros cambiarán para reflejar este cambio que se habrá producido en ti. El siguiente mensaje del gran director divino, el maestro ascendido que custodia el plan divino para la humanidad, puede ser aclaratorio.

MENSAJE DEL GRAN DIRECTOR DIVINO

Canalizado a través de Maureen J. St. Germain para el público presente en Hong Kong (China) el 21 de marzo de 2017

Soy el gran director divino, y he venido de lejos para reunirme con vosotros. Sostengo la matriz de este planeta y os tengo a cada uno de vosotros en mi corazón. Deseo hablaros sobre la idea de que se acabó el karma, y deciros que su repercusión es mayor de lo que podáis creer.

Al tomar conciencia de esta información y permitir que pase a través de vosotros, habéis creado una matriz que actualmente se está reflejando en todos los habitantes de vuestro mundo. Todos aquellos con quienes habléis, todos aquellos a quienes toquéis, experimentarán un cambio. No hay ninguna necesidad de tener cuentas pendientes. Tomad cada momento como venga. Soltad las heridas. Aferraros a vuestras heridas os castiga más a vosotros que a la otra persona, y sostiene una dinámica que no tiene por qué continuar. Así que soltad todo.

¿Cómo puede no haber karma?

Comprendemos que esto no es fácil. Pero vosotros ya sabéis que os aguarda una gran felicidad cuando un juego ha terminado. Todo el mundo lo celebra. Empezad a pensar en estos términos. Y sed los primeros en participar en el nuevo juego, en el que solo hay amor. El juego acaba cuando no quedan jugadores. ¿Seréis los primeros en abandonarlo o los últimos? No os peleéis con esta información; incluso eso hará que sigáis en el juego. En lugar de ello, pedidme que os ayude a liberaros de cualquier apego que tengáis a este juego [basado en la matriz polar de la 3D];* pedidme que traiga a vuestro mundo lo que sintáis que habéis perdido.

Tened la absoluta certeza de que cada uno de vosotros se cuenta entre los que muestran el camino. Ahora bien, no insistáis en dar esta información a nadie que no esté listo para escucharla; dejad que se expanda de forma natural.

Os recordamos, nuevamente, que incluso la resistencia os mantendrá en el juego.

---

* La matriz polar de la 3D es el campo de energía vibratorio con el que comulgan la mayoría de los seres humanos, basado en el bien y el mal, lo correcto y lo incorrecto, etc. Este campo es denominado matriz para ayudar a que se empiece a comprender que es una de las formas en las que se expresa la creación, no la única.

Esta no es una oportunidad que requiera razonamientos. Se trata, sencillamente, de efectuar una elección. Os ayudaré a sostener vuestra nueva matriz [basada en la no polaridad] si me lo pedís. Llamadme a diario; y cuando entréis en los registros akáshicos, decid mi nombre. Si no podéis ingresar en los registros cada día, al menos llamadme por mi nombre, y estaré con vosotros y sostendré la matriz [para vosotros].

Hay mucho amor para vosotros. Os amamos y valoramos a todos y cada uno. Vosotros sois el cambio que hemos estado esperando. Sed modestos y bondadosos; lo demás vendrá solo.

Una mujer escribió que pensaba que el fin del karma equivalía a que no hubiese ningún semáforo en las calles y que ello daría lugar a disturbios y al caos social. Le respondí lo siguiente:

Esta es su opinión, no la realidad. Shenzhen, por ejemplo, es una ciudad china muy grande. Me alojé en un barrio muy concurrido en el que no había semáforos en ninguna parte. Había glorietas; había muchas calles que iban en muchas direcciones, que se cruzaban entre sí, que conducían unas a otras, etc. Los conductores velaban el uno por el otro y eran muy corteses. Ciertamente, es posible que exista una *nueva versión* de la Tierra en la que los individuos experimenten tanto amor y alegría que no se lastimen unos a otros, que no necesiten robarse unos a otros (porque tienen todo lo que necesitan) y en la que estén interesados en las *experiencias* en lugar de estarlo en el provecho propio y en tener poder sobre los demás. De hecho, en esta nueva Tierra, en este nuevo «juego», cada uno busca ayudar al otro tanto como se ayuda a sí mismo. El deseo del beneficio mutuo es la energía impulsora de las personas que, habiendo alcanzado la madurez como seres humanos, se tratan unas a otras con amor y cortesía.

El karma ha sido eliminado. En los viejos tiempos, aquellos cuyos planes eran que la humanidad fracasase podrían habernos intimidado para que nos conformásemos. Pero ya no estamos sujetos a las reglas ni los roles del pasado.

He podido saber que abrir los registros akáshicos tiene, hoy en día, más utilidades que antaño; estas son las nuevas:

- Ayudar a la gente a comprender el comportamiento humano.
- Proporcionar información para ayudar en las elecciones (para ayudar, preferiblemente, a elegir de manera diferente, sin basarse en el juicio).
- Ayudar a los seres humanos a respetarse unos a otros al dejar de juzgarse.
- Potenciar la elección, *siempre la elección*.

Louise, una mujer que había aprendido a abrir los registros por su cuenta, se asombró de la información que recibió cuando accedió a ellos para preguntar sobre una de sus hijas. En Estados Unidos, los hijos generalmente abandonan el hogar de sus padres a la mitad de la veintena, pero su hija mayor ya tenía treinta y cinco años y seguía viviendo en casa. Sus otros hijos, más jóvenes, se habían mudado a sus propios hogares, y como madre quería que su hija mayor hiciera lo mismo. Louise quería tener privacidad y el control de su propio espacio.

Había meditado muchas veces sobre esta cuestión y le había preguntado a su yo superior* al respecto. El mensaje que había recibido era que fuera más compasiva. Sin embargo, cuando accedió a los registros akáshicos, le mostraron el miedo que tenía

---

* Cada persona tiene su propio yo superior. Es una de las múltiples versiones del propio yo y está totalmente conectado con lo divino.

su hija a aventurarse sola, a pesar de que contaba con un fondo fiduciario y un trabajo de media jornada.

Sus custodios de los registros la ayudaron a ver la vida desde el punto de vista de su hija y le dijeron que esta siempre estaría allí para ella. Esto le despertó un sentimiento tan compasivo que recuperó la paciencia con su hija, volvió a valorar su presencia y su relación mejoró. Louise declaró que nunca había pensado que su hija estuviera ahí para ella. Actualmente son buenas amigas y cada una disfruta de la compañía de la otra; atrás quedaron los días dramáticos marcados por el descontento.

Ausencia de juicio

El final del karma está acompañado por la ausencia de juicio. Desde el punto de vista de los registros akáshicos, todas las experiencias son valiosas y, por lo tanto, no hay ninguna evaluación que permita etiquetar las informaciones como buenas o malas. En el nivel subconsciente, existen ciertas condiciones y experiencias, mientras que otras se evitan. Y algunas experiencias son atractivas para el individuo por varias razones relacionadas con las decisiones que ha tomado en algún nivel de su conciencia con el fin de obtener un determinado conocimiento o experiencia.

CAMBIAR EL PASADO

En los registros akáshicos puede haber más información disponible. Además, ahí el campo es tan fluido y flexible que es posible cambiar el pasado. Esto puede ocurrir de varias maneras.

Cuando cambiamos como resultado de nuestro propio trabajo en los registros akáshicos, nos volvemos más amorosos y equilibrados, lo que produce un cambio en las experiencias extremas que hemos tenido en el pasado, que se suavizan. Nuestros recuerdos se modifican y se vuelven menos dolorosos cuando somos capaces de tener una perspectiva completa de un asunto, holográfica, en lugar de nuestra propia visión miope. Esto puede suceder sin que nos concentremos en ello de forma consciente.

¿Cómo podemos saber que hemos cambiado el pasado? Esto ocurre cuando somos capaces de recordar las dos versiones de una experiencia, la más dolorosa y la suave y compasiva. En ese momento de reconocimiento, en realidad estamos tomando la decisión de sustituir el dolor por la compasión en los registros akáshicos.

Otra forma de cambiar el pasado es a través de los efectos sanadores de la llama violeta de St. Germain. Muchas personas que han invocado esta llama han alterado su pasado.

Varios tipos de canto pueden transmutar los recuerdos y, por lo tanto, las experiencias. La gran sanación propiciada por el *ho'oponopono* también cambia el pasado; abre las puertas de la cárcel del dolor y el sufrimiento en la que han estado cautivos los humanos.

Otra forma de cambiar el pasado es revisar proactivamente un recuerdo doloroso en el curso de una meditación e incluir un elemento adicional que disuelva el dolor. Este nuevo elemento es otra persona (lo ideal es que sea uno mismo en la edad adulta) que reconozca la necesidad de amor y afecto del meditador y se los proporcione.

Por ejemplo, una mujer recordó una ocasión en la que era una niña que estaba llorando en su cuna y nadie vino a atenderla. Incluso ahora que era adulta podía recordar la horrible sensación de estar abandonada. En la meditación guiada que le enseñé, añadió la presencia de la versión adulta de sí misma para que consolase a ese bebé, lo abrazase y lo cuidase. En el caso de esta mujer, su herida se sanó por completo; por lo tanto, cambió su pasado. Comentó que tenía otros sentimientos respecto a la situación y hacia ella misma. Empezó a percibir que los sentimientos que había albergado en relación con ese suceso ya no estaban ahí. Esto también le permitió expresar más amor hacia los demás.

Finalmente, y esto sea tal vez lo más importante, los registros akáshicos son cuidados por unos seres inmensos cuya compasión y amor por la humanidad pueden cambiar nuestra experiencia en el momento presente, mientras estamos en los registros. Esta es otra forma en que podemos cambiar el pasado. El hecho de recibir su amor y orientación, modificar algo en uno mismo y perdonarse a sí mismo y a los demás cambia instantáneamente el pasado junto con el presente. Esta es una de las facultades que se nos han concedido en esta época; quienes entiendan esta información y sepan cómo servirse de ella pueden utilizarla.

CREENCIAS

Creo en Dios. Soy un ser devoto. Respeto tu tradición, sea cual sea. Algunos de los que estáis leyendo estas páginas seguís practicando la religión con la que crecisteis. Algunos no seguís ninguna religión oficial. Algunos practicáis distintas formas de espiritualidad. Hay algo que sé: que toda vida es sagrada. Lo importante es que veneres la vida. Creo en la vida después de la muerte y creo que puedes acceder a tu plan divino y a tus registros akáshicos para que ello te ayude a avanzar.

El acceso a los registros akáshicos es una tradición mística y encontrarás respuesta no solo a tus preguntas personales, sino también a las preguntas de carácter místico que los humanos

llevan eones formulando. Antes del permiso otorgado recientemente en esta era, solo los chamanes (hombres y mujeres medicina) y los hombres y mujeres santos podían disponer de este recurso. Pero ha llegado el momento de desentrañar los misterios
de los siglos. Es hora de que cada uno de nosotros nos hagamos
responsables de nuestras creencias y ampliemos y aumentemos
nuestra sabiduría.

2

PREVISIONES ANTIGUAS PARA HOY

¿Por qué intervienen en estos tiempos
los custodios de los registros?

La humanidad se encuentra en el ciclo de retorno y lista para liberarse de la negatividad de épocas pasadas. No tiene por qué soportar (de nuevo) todo lo que experimentó en su descenso a la materia. La humanidad está volviendo a casa. Piensa en una familia que está preparándose para salir de pícnic. Debe reunir provisiones, tal vez juguetes, artículos para bebés, mantas, etc. Lo meten todo y se suben en el coche, y luego se detienen en el supermercado para comprar comida u otros suministros. Finalmente están en camino, si bien en lugar de tomar una carretera principal toman una secundaria, porque se trata de una aventura familiar y quieren disfrutar del paisaje. Por fin llegan al parque, se instalan y se relajan con su pícnic. Los niños se divierten en los columpios, corriendo, haciendo volar cometas, etc. Después empieza un concierto. Se divierten inmensamente. Cuando termina el concierto y es hora de irse, reúnen todas sus pertenencias rápidamente y toman el camino directo a casa, felices y agotados.

Esta ha sido una metáfora de la aventura humana, la cual estamos a punto de culminar. Nos hemos expandido y al hacerlo hemos expandido también la vida y las experiencias. Ya no necesitamos probar todas las teorías, expresar todas las emociones o sufrir todas las ofensas. Mucho de lo que deseábamos descubrir ha sido descubierto. La decisión de que los registros akáshicos estén disponibles para la humanidad la tomó la Gran Junta Kármica. Se consideró que los seres humanos podrían beneficiarse de acceder a sus experiencias pasadas y de comprender sus propios comportamientos pasados, así como los de aquellos con quienes estaban interactuando. De ese modo podrían evitar insistir en el mal uso del amor y la luz. Este tipo de conocimiento haría que la opción de ser más amoroso, amable y honesto pasase a estar fácilmente disponible.

Si sabemos el motivo de nuestras actuales circunstancias y las motivaciones de ciertas personas que nos rodean, podremos sentir compasión por nosotros mismos y por los otros individuos implicados. Esto nos cambia y nos permite convertirnos en sabios.

La humanidad está a punto de hacer algo que, con anterioridad, solo han hecho los grandes santos y sabios: pasar a la quinta dimensión (ascender) sin morir. Tenemos muchos ejemplos de seres espirituales de reconocido prestigio que lo han logrado (Jesús, Buda, la Virgen María...), pero nunca antes una especie evolutiva entera o un planeta entero han intentado hacer algo así.

Las sagradas escrituras mayas e hindúes hablan del gran año: un ciclo de doce mil años en el que el sistema solar pasa por los distintos *yugas* (edades). Este ciclo constituye el retorno de la Tierra a un estado vibratorio superior del que hablan muchos místicos, yo incluida. Se estima que el ciclo completo de tiempo es de unos veinticuatro mil años; la mitad de ese tiempo corresponde al descenso, y la otra mitad al ascenso.

Durante la mitad ascendente del ciclo (*utsarpini*) se produce un aumento gradual del conocimiento, la felicidad, la salud, la ética y la espiritualidad, mientras que durante la mitad descendente del ciclo (*avasarpini*) tiene lugar una reducción progresiva de estas cualidades. Cada medio ciclo comprende seis períodos más pequeños y los dos semiciclos constituyen un ciclo de tiempo completo. Muchas otras culturas antiguas (los caldeos, los zoroastrianos y los griegos) también creían en un ciclo de edades de doce mil años.[1] Pues bien, la humanidad se encuentra en la mitad ascendente de este ciclo; por lo tanto, todos nos estamos beneficiando de esta expansión del amor, la salud, la felicidad, la ética y la espiritualidad, y también de un gran conocimiento.

Además, la inhumanidad del hombre hacia el hombre ha sido reevaluada y considerada intolerable. El sufrimiento de la humanidad está llegando a su fin. Los humanos están eligiendo rechazar el mal. La humanidad está entrando en la gran edad de oro. Abrir tus propios registros y aprender después a abrir los registros para otros contribuirá en gran medida al proceso de expansión del alma y de la colaboración. Este conocimiento y esta conexión permiten que cada individuo tenga una mayor compasión por todas las personas con las que interactúa. A medida que nos damos más amor, cambiamos la realidad de manera proactiva. Esto da lugar a una mayor compasión por el conjunto de la vida y abre las puertas a que nos convirtamos en nuestro yo más evolucionado.

OTRO GRAN FAVOR CÓSMICO

Se ha permitido a la humanidad acceder a los registros para que sus miembros puedan obtener el máximo aprendizaje de sus errores y preguntar sobre situaciones y experiencias con el fin de comprender realmente todo su significado.

Una historia personal ilustra esta cuestión. A los once años tuve que tomar una gran decisión sobre la única fiesta de cumpleaños que celebraría. Éramos una familia de granjeros y estábamos demasiado ocupados con la granja. Yo tenía cinco hermanos y en casa las fiestas de cumpleaños no solían celebrarse. Tenía la opción de celebrar la fiesta el día más cercano a mi cumpleaños o podía esperar a hacerlo una semana después.

El día más cercano a mi cumpleaños era también el de la primera comunión en nuestra iglesia. Los padres celebran este acontecimiento con una gran fiesta en la que participan familiares y amigos. En la escuela católica a la que iba en mi pequeña comunidad agrícola, era muy probable que a algunos de los niños a los que invitaría se les exigiese asistir a la fiesta familiar que se celebraría con motivo de la primera comunión de sus hermanos pequeños, lo cual les impediría asistir a mi fiesta de cumpleaños.

Era joven y no tenía la experiencia que me permitiese comprender lo que significaba posponer una fiesta en favor de que acudiesen más invitados en una fecha posterior. No quería esperar. Después de todo, ¡había esperado casi doce años para celebrar esa fiesta! No entendí completamente mis opciones y sus posibles consecuencias, y tampoco los beneficios de esperar.

Me sentí profundamente decepcionada cuando solo un puñado de niños vinieron a mi fiesta porque muchos de aquellos a quienes había invitado habían ido a la celebración de sus hermanos. Recuerdo que mi hermana mayor trató de consolarme. Hoy no tengo ningún problema en esperar lo que realmente quiero, porque entiendo que el retraso puede beneficiarme mucho más que la incomodidad de la espera.

Cuando estés en los registros, te ayudarán a ver, sentir y comprender lo necesario para que puedas tomar la decisión ideal. Si hubiera preguntado a los custodios de los registros acerca de mi fiesta, habrían podido ayudarme a ver las dos versiones y a saber claramente cuál sería el resultado. Habría podido sentir la alegría y la diversión asociadas a una fiesta mucho más grande ¡solo con que esperase una semana! Pero, por supuesto, los niños no entran en los registros.

En otro ejemplo, un alumno mío abrió sus registros akáshicos para tener una sesión y recibió la información de que la persona por la que se sentía atraído no era la mejor opción para él. No lo entendió y esa revelación no le pareció «justa». De todos modos, había aprendido a conectarse con su yo superior (consulta el capítulo cinco para obtener instrucciones detalladas sobre cómo hacerlo). Estaba acostumbrado a su conexión asombrosamente precisa con su yo superior y a la información que solía usar para validar sus propios puntos de vista. Era complejo.

Luego me pidió que consultara con mi yo superior sobre ese asunto, esperando confirmar su información. A pesar de que yo no sabía lo que le habían transmitido al abrir sus registros akáshicos, las respuestas fueron idénticas; entre ellas el hecho de que si bien se sentía muy atraído por la persona A, la persona B era la mejor opción para él en ese momento.

Varias semanas después, cuando finalmente pudo pasar tiempo con la persona A, su yo superior le reveló que esta probablemente moriría joven y que esa era una pérdida que no tenía por qué sufrir o experimentar.

Dos días después, tuve inesperadamente esa misma percepción mientras me encontraba en los registros akáshicos y la compartí con él. En esa conversación que tuvo conmigo, me confirmó que su yo superior le había revelado la misma información. Este es un ejemplo de cómo los custodios de los registros pueden mostrarnos algo para que podamos gozar de una perspectiva más amplia en lugar de tomar decisiones basándonos en una información limitada.

¿Qué se puede preguntar en los registros akáshicos?

Al principio, deberías hacer preguntas sobre tus sentimientos y los de los demás. Las emociones impulsan muchas acciones y decisiones. La humanidad se sirve de ellas para enriquecer y expandir sus experiencias. Por lo tanto, las emociones humanas han incrementado la singularidad de las experiencias, algo que no ocurre en ninguna otra parte de la creación.

La creación quiso expandir la existencia de una manera única, por medio de que olvidásemos nuestra verdadera naturaleza y eligiésemos separarnos de lo que es inseparable. Inicialmente, en el nivel de la creación no se previó por completo que el dolor emocional también se extendería. Esto significa, entre otras cosas, que los humanos experimentan un gran dolor emocional, que no se siente completamente en los reinos superiores. Es por eso por lo que es extremadamente importante, cuando estamos sufriendo, que alertemos a los seres de luz que nos apoyan de que necesitamos una ayuda extra.

A menudo me preguntaba si los seres superiores podían sentir nuestro dolor. Cuando empecé a experimentarlos, me di cuenta de que están mucho más afinados que nosotros, de tal manera que no sienten nuestro sufrimiento físico en los niveles en los que se mueven. ¿Cómo pueden, por tanto, saber que estás experimentando dolor? Debes comunicarte con ellos y pedirles que te ayuden, te sanen y te transformen. Hazles saber tu sufrimiento para que puedan ayudarte más específicamente. Podríamos suponer que los seres superiores tienen acceso a nuestros registros, pero esto no es necesariamente así..., hasta que acudimos a ellos para obtener su ayuda.

En los registros, tenemos acceso a las motivaciones y deseos de los demás; esto nos permite experimentar una compasión y una aceptación que de otro modo no conoceríamos. Cuando entendemos el dolor, las heridas y las razones de otra persona, lo habitual es que la compasión nos embargue. Además, cuando estamos en los registros akáshicos tenemos acceso a los recuerdos que esa persona ha almacenado.

La maravillosa pregunta humana «¿por qué?» se ha convertido en la más habitual y útil en los registros akáshicos. Cuando un ser humano logra una mayor comprensión acerca del porqué de algo, pasa a tener compasión, de forma espontánea, por sí mismo y los demás. Estos son algunos ejemplos de preguntas típicas:

- ¿Por qué estoy aquí?
- ¿Por qué me hizo daño mi amigo?
- ¿Por qué me trata de esta manera mi familia?
- ¿Por qué me ha pasado esto?

¿Quién puede obtener información de los registros akáshicos?

Con el tiempo todo el mundo tendrá pleno acceso a los registros akáshicos, a medida que la humanidad vaya cambiando y avanzando hacia su yo más evolucionado. Algunas personas podrán acceder a ellos sin haberse ejercitado al efecto; de todos modos, como deja claro la siguiente información canalizada desde los guardianes de las puertas de los registros akáshicos, la orientación puede ser útil y, a menudo, crucial.

MENSAJE DE LOS GUARDIANES DE LAS PUERTAS DE LOS REGISTROS AKÁSHICOS

Canalizado a través de Maureen St. Germain
el 21 de junio de 2017

Si elegís que una persona externa os ayude con vuestros registros, podéis buscar un(a) guía de los registros akáshicos que tenga la reputación de transmitir información clara y precisa. También es muy conveniente que todos y cada uno de los humanos aprendan a abrir los registros akáshicos y trabajen con la información procedente de estos. Hay muchas maneras de hacerlo, y muchos instructores. Cada estudiante debe encontrar la opción que le vaya mejor. Cuando encontréis la vuestra, seguid con ella hasta el final.

En ocasiones, la información no está disponible para un determinado cliente porque desconfía. Tal vez tenga amigos que le han dicho que debería acceder a los registros y obtener información de ellos, pero esa persona no ha decidido realmente, desde la emoción, que está interesada en el resultado; de todos modos, le gustaría disponer de esa información si fuese real. Estos individuos tienen lo que podríamos llamar «energía muéstrame», y ellos mismos están poniendo el obstáculo que puede impedir que un guía reciba buena información. Los guías bien formados saben cómo lidiar con este tipo de obstrucciones y pueden quitarlas de en medio fácilmente.

También es cierto que el/la guía que proporciona la información puede teñirla sin querer con sus propios prejuicios, sus propias creencias y sus propias carencias energéticas, a menos que esté practicando a diario su conexión con el yo superior. Esto significa que si la persona tiene entidades o energías que tienen un interés en la información, esta podría llegar contaminada a la mente del individuo. Esta es la razón por la cual es muy importante hacer un trabajo de *limpieza* antes de abrir los propios registros akáshicos, y también preguntarle al canal que está trabajando con vosotros si hay algún trabajo de limpieza que debáis efectuar sobre vosotros mismos.*

Custodios de los registros que actualmente son seres humanos

Hay seres que han sido custodios de los registros o que han trabajado en ellos en reinos superiores y actualmente se han ofrecido como voluntarios para venir a la Tierra. Algunas de estas hermosas almas se convierten en guías y, por lo general, saben quiénes son. Estos individuos pueden sentirse abrumados por esta información, resistirse a ella y negarla, especialmente cuando se abren a ella y entra en conflicto con los paradigmas en los que fueron educados. Con el tiempo tomarán la decisión de trabajar a partir de esta información o no hacerlo.

He tenido la suerte de formar a varias de estas personas. Por desgracia, les resulta muy difícil reconciliar lo que saben en su interior con lo que saben procedente del exterior. Algunos de estos individuos abandonan el conocimiento interno en favor del externo, pero creo que a medida que maduren podrán manejarlo. Si pueden recordar cómo aceptar esta información e integrarla (como hicieron en los registros akáshicos), pasarán a engrosar las filas de las personas que muestran el camino a los demás. Si un niño ha sido custodio de los registros antes de encarnar como humano, le será más fácil traer información de ese espacio una vez que haya cruzado la línea de la autoaceptación, porque está acostumbrado a procesar muchos datos y podrá conciliar la información aparentemente contradictoria.

---

* En el capítulo tres se habla del trabajo de limpieza.

Algunos niños nacen con la capacidad de acceder a la información akáshica, pero sus cuerpos no soportan la vibración de la información, por lo que desarrollan autismo o incluso mueren a una edad muy temprana. Los custodios de los registros les han dicho a padres de niños de estas características (a través de mí) que muchas de estas almas son muy elevadas y que basta con que estén presentes en la Tierra (aunque sea como personas discapacitadas). A veces es más fácil llegar con una desventaja grave, para no tener que interactuar con los humanos en su estado actual de inconsciencia.

En cualquier caso, hay quienes son expertos en esta área (la comunicación con los registros) y hay otros que son muy buenos en otros ámbitos. Debes saber que tu deseo de aprender y practicar este conocimiento es indicativo de que eres alguien que está evolucionando en tiempo real y que es muy probable que ayudes a otros a hacer lo mismo.

LAS LLAVES DE APERTURA

Cómo acceder a los registros

¿Puedes aprender a leer tus propios registros? La respuesta es que sí.

¿Te has preguntado cómo podrías saber más sobre los entresijos de alguna situación que te afecta profundamente? Puedes elegir esa situación y acceder a los registros akáshicos para comprender a las personas implicadas, las circunstancias que se están dando y otros factores.

¿Alguna vez has sabido algo y no has actuado? ¿No te gustaría saber las interioridades de algún drama presente en tu vida?

Si eres un buscador que ha elegido entender el mundo que te rodea y avanzar rápidamente en tu evolución, debes aprender a abrir tus registros akáshicos. Esto te dará acceso a la realidad de una manera que te permitirá entenderte a ti mismo y comprender a los demás del modo más abierto posible.

HERRAMIENTAS QUE NECESITARÁS

Deberás tener un diario (un libro con las páginas en blanco o un cuaderno) destinado específicamente a anotar las experiencias que tengas con los registros akáshicos. Tener un libro o cuaderno con este solo propósito te inspirará a revisar tus avances y mejoras. Esta herramienta te ayudará a no perderte; te permitirá asegurarte de efectuar el mismo ritual cada vez que te acerques a los registros akáshicos.

Es importante que lleves tus registros de manera profesional. Escribe a mano, con un bolígrafo. Esta es una forma potente de asegurarte de que tu trabajo llegue a través de tu corazón. Esto se debe a que tu mano está directamente conectada a tu corazón (el dedo anular lo está especialmente); por este motivo, la energía fluye a través de toda tu mano hacia tu corazón y desde él.

Escribe siempre la fecha en la parte superior de cada página, seguida de tu pregunta, que debes formular como una oración completa. Más adelante, cuando revises una respuesta que te hayan proporcionado los custodios de los registros, te alegrarás mucho de haber desarrollado este hábito; podrás ver tus esfuerzos desde el momento en que empezaste y evaluar tus progresos.

También utilizarás unos documentos que contienen los protocolos que se deben aplicar (apéndice C), que guardarás en el interior del diario para que estén siempre en el mismo lugar cuando los necesites. Asimismo, te recomiendo que escribas la oración sagrada y la metas dentro de un sobre o bolsita, que deberás pegar a tu diario. Tu libro o cuaderno y tu oración han de estar siempre juntos. Y casi todos tenemos un teléfono inteligente, así que también puedes guardar una copia de la oración sagrada en él.

LA ORACIÓN SAGRADA Y LA ORACIÓN DE APERTURA

La entrada al reino de los registros akáshicos tiene lugar a través de un portal que es abierto por la oración sagrada. Además, todas las sesiones que se lleven a cabo en los registros akáshicos deberían empezar con una ceremonia, es decir, una oración de apertura que prepare el terreno para todo aquello que podamos hacer ese día. Esta oración anuncia nuestro compromiso con Dios: que elegimos estar conectados con lo divino y que estamos al servicio de la luz. A través de ella también estamos pidiendo ayuda a seres avanzados que pueden prestarnos un servicio.

Cuando le vamos a servir la cena a alguien, ponemos la mesa y elegimos los platos. Esto es similar a pronunciar la oración de apertura. Cuando invitamos a la energía espiritual a manifestarse a través de nosotros, enviamos la clara intención de que nos estamos alineando con lo divino y estamos listos para iniciar un proceso. En mis talleres, la oración de apertura que digo al comienzo de cada día es suficiente. Cuando estés solo, puedes usar la misma que yo utilizo o cualquier oración simple. Aquí tienes un ejemplo de una posible oración de apertura:

Querido Dios, te pido que este día sea bendecido. Me ofrezco a mí mismo(a) en agradecimiento y como servidor(a) de la luz. Les pido a mis ángeles, guías y maestros espirituales que encarnan la luz de Dios en un cien por cien que me ayuden de cualquier manera posible, de todas las maneras posibles.

Te recomiendo que pronuncies algún tipo de oración como esta cada mañana para establecer el tono del día que vas a vivir. Cualquier oración que fije la propia intención y constituya una petición de ayuda es apropiada para preparar el terreno para el camino espiritual diario. Este ritual conforma la matriz para cualquier trabajo sagrado que uno pueda realizar.

Oración sagrada para abrir los registros akáshicos

Lee la oración en todos los casos; no la memorices. La razón de ello es que es fácil desconectar la mente o salir del cuerpo, o incluso adormecerse, cuando uno recita estas palabras de memoria. Di la oración tres veces. La primera vez, pronúnciala en voz alta tal como se presenta en la versión principal, la que tiene los fragmentos subrayados. Las veces segunda y tercera, debes decirla en silencio, sustituyendo los fragmentos subrayados por las alternativas que aparecen entre corchetes y añadiendo tu nombre (tal como consta en tu carné de identidad u otro documento identificativo legal) en los espacios en blanco.

Llamo al gran director divino, a Lord *Sanat Kumara y a la diosa de la libertad para que supervisen mi trabajo en los registros akáshicos. Le pido a mi yo superior que me ayude a estar en mi conciencia de la quinta dimensión.*

Le pido a Dios (a la Fuente) que disponga su escudo de amor y verdad a mi alrededor [alrededor de _____] permanentemente, para que solo existan el amor y la verdad de Dios entre vosotros y yo.

Invito a los Lords *de los registros akáshicos a permitir que mis maestros, instructores y seres queridos [los maestros, instructores y seres queridos de _____] puedan canalizarse a través de mí, desde los reinos que están compuestos por la luz de Dios en un cien por cien, para decir lo que quieran.*

CONTAR CON EL APOYO DEL YO SUPERIOR PARA TRABAJAR EN LOS REGISTROS AKÁSHICOS

En algún momento te convendrá desarrollar tu conexión con el yo superior. Esto asegurará que obtengas información precisa en los registros. Tu yo superior no tiene prejuicios ni creencias y al desarrollar la habilidad de conectarte con él habilitas el desarrollo de tu canal de sabiduría, que te ayuda a reconocer las diferencias entre el yo superior y tus custodios de los registros. Hay oportunidades de servirte del yo superior que son diferentes de aquellas en las que te conviene acudir a los custodios; al mismo tiempo, podrás trabajar con ambos, y lo harás, cuando accedas a los registros akáshicos.

En el capítulo cinco vas a encontrar un protocolo fácil para trabajar con tu yo superior. Lo más importante es que lo llames por su nombre cuando vayas a preguntarle algo. Empieza diciendo: «Yo superior...» y formula después tu pregunta.

La práctica del yo superior mejorará tu grado de precisión al desenvolverte en los registros akáshicos, así que asegúrate de hacerla. Para obtener información sobre esta potente herramienta que va a mejorar la precisión de tu canal de sabiduría, lee mi libro *Beyond the Flower of Life* [Más allá de la flor de la vida].[1]

UNA MANERA DE «SOLTAR»

Vamos a empezar con un ejercicio que te forzará a liberar tu mente y las formas mentales en que interpretas los datos. Al «soltar» mejorarás tus conexiones con los custodios de los registros, quienes podrán llenar tu mente de información de forma espontánea. Este ejercicio hará que te resulte más fácil estar en los registros akáshicos más adelante. Tal vez te parecerá extraño al principio, pero cuando te permitas realizarlo lograrás muchas de las habilidades necesarias para obtener información de los registros. Así que ten la mente abierta y prueba a hacerlo.

Este primer ejercicio es el más difícil. Tiene el propósito de forzarte a recibir una información que es ajena a la mayoría de las personas. Te ayudará a soltar cualquier prejuicio y cualesquiera juicios que puedas albergar acerca de la forma en que son las cosas. No podrás usar la razón para obtener la respuesta «correcta»; en lugar de ello, deberás confiar en que tu intuición o tu yo superior te la brinden espontáneamente. Puedes ver el primer ejercicio como un desafío para inspirarte y demostrarte a ti mismo que puedes saber algo de manera intuitiva, sin «saber» cómo lo sabes.

Permítete ser libre y ver adónde te lleva este ejercicio. Antes de empezar, debes saber que es posible tener éxito con él incluso sin ver las imágenes. Fue el caso de una de mis alumnas, que no pudo conectarse a Internet para ver las fotos en una clase *online* y terminó participando con la función de audio activada solamente; de todos modos, obtuvo una información muy apropiada, como si hubiese podido ver las fotos.

Estas imágenes no se pueden describir en términos lineales, por lo que es necesario acudir a la intuición. El propósito de este ejercicio es ayudarte a salir de tu forma lineal de describir las cosas.

Ejercicio 3.1

CALENTAMIENTO

1. Mira una por una las imágenes de las páginas inmediatas y pregúntale a tu yo superior o a tu intuición qué puedes saber en relación con cada una de ellas. Por ejemplo: «Yo superior,

¿qué puedo saber sobre la imagen 1?». Escribe la pregunta completa en una página en blanco de tu diario. Acuérdate de anotar la fecha en la parte superior de cada página y otórgale una página a cada pregunta.

2. Anota las respuestas en el diario. Escribe rápidamente y apunta todo lo que surja. Responderás de la forma típica en que se obtiene este tipo de información basada en la percepción extrasensorial, tanto si la fuente es tu intuición como si es tu yo superior.

3. Luego pasa a la siguiente página en blanco del diario y escribe la siguiente pregunta, sobre la segunda imagen. Anota las respuestas que te lleguen.

4. Haz esto mismo con cada una de las seis imágenes. Si no tienes tiempo para responder todas las preguntas en una sesión, organízate como quieras.

CONCEPTOS Y PRÁCTICAS ÚTILES

Ahora estás preparado para abrir los registros akáshicos y volver a hacer el ejercicio anterior. Pero antes de proceder deberás tener claros algunos conceptos básicos.

Pide permiso

Pide siempre permiso para acceder a los registros, con el fin de asegurarte de que te encuentras en un buen estado emocional y energético. El permiso que se te concede significa que se te otorga una confianza de carácter sagrado. Ten una actitud como la que tendrías si fueses a entrar en una iglesia o un templo con una determinada intención. Si acabas de tener una discusión o saliste a beber la noche anterior, es posible que no sientas que los custodios de los registros te hayan dado su autorización. A una de

Figura 3.1. Imagen 1.

Figura 3.2. Imagen 2.

Figura 3.3. Imagen 3.

Figura 3.4. Imagen 4.

Figura 3.5. Imagen 5.   **Figura 3.6.** Imagen 6.

mis alumnas se le negó el permiso para entrar en sus registros; cuando reflexionó al respecto, recordó que la noche anterior había consumido un par de vasos de vino.

Evita el alcohol y las drogas

Si bebemos alcohol o consumimos sustancias psicotrópicas, aparecerán agujeros en nuestra aura. Esta es la razón por la cual es necesario esperar unas veinticuatro horas antes de acceder a los registros akáshicos después de haber bebido alcohol o haber consumido drogas. El aura de cada cual se repara a su propio ritmo, pero en el caso de la mayoría de las personas, los agujeros se han reparado en un plazo de veinticuatro horas. Cuando el aura tiene agujeros, puede ser que nos veamos influidos por energías externas que tal vez no queramos que nos influyan; estos agujeros pueden atraer entidades o energías que no sean las ideales para nuestros propósitos.

No cruces los brazos ni las piernas

El cuerpo humano tiene unos circuitos que se pueden romper si se cruzan los brazos o las piernas,[*] por lo que es necesario restablecerlos. Como ocurre cuando reiniciamos el ordenador, el cuerpo reconecta rápidamente estos circuitos cuando dejamos de cruzar los brazos y las piernas. Aunque la mayor parte de los circuitos energéticos se restablecen rápidamente y los daños no son terribles, interferirán en la fluidez con la que recibamos la información procedente de los registros akáshicos y el yo superior.

Otra forma de reparar la conexión es poner la lengua en el paladar duro. Por eso lo haces instintivamente cuando realizas alguna actividad en la que tus brazos se cruzan entre sí (ciertos ejercicios o planchar).

No te sientes en la postura del loto

Aunque me encanta sentarme en esta postura, te recomiendo que te sientes en una silla u otro asiento con respaldo, ya que tendrás que escribir. Más adelante, cuando hagas lecturas de los registros akáshicos para otras personas y debas hablar en lugar de escribir, seguirá sin ser recomendable que te sientes en la postura del loto. Cuando el cuerpo está en la «postura de meditación», se ve recorrido por una alta vibración que, de forma natural, nos impulsa a salir de él. Cuando leas para otras personas, deberás

---

[*] Se puede encontrar información útil sobre estos circuitos corporales en el libro de L. E. Eeman *Co-operative Healing: The Curative Properties of Human Radiations* (Autor-Partner Press, Londres, 1947) [Curación cooperativa: las propiedades curativas de las radiaciones humanas]. Una serie de autores posteriores han profundizado en los detalles de lo que se conoce como *circuitos de relajación o biocircuitos de Eeman*.

permanecer abierto al momento presente y a tu cliente; tendrás que mantenerte conectado a tierra y a la vida de aquí, así como a los mensajes de los registros akáshicos, que proceden de una dimensión superior. Es decir, deberás estar conectado a un lugar elevado y, a la vez, a tu cuerpo y a tu cliente. Parece complicado, pero en realidad no lo es.

Haz un trabajo de limpieza si es necesario

En el caso de algunas personas, la conexión no se produce fácilmente. Si uno no recibe nada la primera vez, he comprobado que se gana mucho con el trabajo de limpieza. Toma en consideración esta analogía: cuando usas unos auriculares con cable para tu teléfono, si no presionas del todo la clavija es posible que tengas una conexión imperfecta o llena de estática. De la misma manera, si tu vía de conexión con el akasha no está clara, podrían producirse interferencias.

¿Cómo lo sabrás? Los custodios de los registros akáshicos solo hablan utilizando un lenguaje amoroso, no peyorativo, que no muestra preferencias. Si piensas que estás en los registros akáshicos y la información que obtienes no es de carácter afectuoso y comprensivo, no estás canalizando mensajes procedentes de ese espacio, sino que su origen es algún tipo de energía que quiere que creas que estás en los registros. Es por eso por lo que dedicamos tiempo a aprender y a efectuar trabajos de limpieza.

Un alumno preguntó cómo podemos mantenernos alejados de las energías negativas durante el proceso de limpieza. La forma más rápida y preferible es pronunciar una sencilla oración para invocar al arcángel Miguel y, luego, usar un cuchillo de acero inoxidable para cortar dicha energía alrededor del cuerpo. Seguidamente, voy a presentar la oración y a exponer de forma sintética las instrucciones. La oración siguiente debe decirse tres veces en voz alta, con firmeza (la segunda y la tercera vez pronuncia el texto que está entre corchetes en lugar del subrayado, añadiendo tu nombre en los espacios en blanco):

Pido al arcángel Miguel que retire todas y cada una de las entidades, energías o interferencias que estén interfiriendo conmigo *[con* _____*] o con mi plan divino. Solicito verme libre de todos los enganches, drenajes energéticos u otros intentos de evitar que cumpla mi misión. Le pido al elohim del rayo dorado que intervenga y me ayude a librarme de todo tipo de energías que* tenga enganchadas *[estén enganchadas a* _____*]. Ordeno que estas energías sean acompañadas a un lugar en el que puedan evolucionar o sean disueltas. Amén.*

En esta oración, le estás pidiendo al arcángel Miguel que lleve a las entidades o energías a un lugar en el que puedan experimentar una evolución (que sean devueltas a los reinos internos para que reanuden su proceso de aprendizaje) o en el que vayan a disolverse (que sean devueltas a la Fuente y se fusionen con ella, lo cual harán careciendo de identidad). Puedes encontrar instrucciones detalladas sobre la expulsión de entidades en mi libro *Reweaving the Fabric of Your Reality* [Hilar de nuevo el tejido de tu realidad].[2]

Los custodios de los registros comparten el privilegio y el honor que se nos ha concedido de ayudar a limpiar el planeta de energías negativas. Estamos ayudando a las almas perdidas que pueden necesitar sanación por medio de enviarlas a la luz con el arcángel Miguel. La profunda labor de oración que realices (los cantos y otras prácticas espirituales) mantendrá alejadas esas energías hasta que abras tu corazón compasivo a los demás.

Cuando te abras a la compasión, podrás captar entidades y energías que no te pertenecen, pero también desprenderte rápidamente de las energías que podrían crearte dificultades. Tal vez te encuentren almas perdidas, sabedoras de que las enviarás a la luz. Es posible estar completamente libre de entidades gracias a la meditación MerKaBa,* porque crea un campo impenetrable. Y si no quieres que las entidades te encuentren, puedes pedirles a tus ángeles y guías que eviten que lleguen a ti una vez que estés completamente limpio en este sentido. Además, tenemos un equipo de limpieza que trabaja a distancia para ayudar a las personas a desprenderse de energías y evitar que visiten los planos astrales negativos y otros lugares peligrosos durante el sueño. Este servicio podría ser interesante para los miembros de la familia que no llevan a cabo prácticas espirituales.

Aunque no creas que tengas entidades o energías oscuras que te impidan conectarte con los guías akáshicos o autosanarte, cuando realices el trabajo de limpieza descubrirás que de repente te sientes mejor y vuelves a tener abierto el canal de comunicación con los registros. Hay muchas formas de efectuar la limpieza, pero en mi opinión la más sencilla consiste en usar un cuchillo de acero inoxidable (como se muestra en mi canal de YouTube). Debes hacer el gesto de cortar alrededor del cuerpo con movimientos cortos mientras sostienes el hombro de la persona con tu mano no dominante. Este método es rápido y efectivo. Asegúrate de cortar debajo de los pies también. Hay otro tipo de cuchillo, que utiliza una de las guías de ARI. Es una hoja de obsidiana mellada, tan afilada que siempre la mantiene envuelta, incluso cuando la usa. La adquirió de un indígena norteamericano que hace este tipo de cuchillos siguiendo el método tradicional empleado en su cultura. Este cuchillo atraviesa todas las capas de la conciencia.

---

* Enseño esta meditación en mi libro *Despertar en la 5D* (Editorial Sirio, 2020).

El trabajo de limpieza mejora la precisión de la información obtenida y la conexión con los custodios de los registros. Es esencial efectuarlo; ¡no hagas caso a quien te diga que no necesitas «limpiarte»! El doctor Norm Shealy cuenta cómo expulsó la depresión y otras cargas de una mujer, pero su querida amiga Caroline Myss* lo reprendió (como solo hacen los amigos) porque a ella «no le gustan este tipo de cosas» cuando empezó a «limpiar» a alguien en un curso que estaban impartiendo juntos.[3]

¿Con qué frecuencia te lavas las manos? Cuando notas que están sucias, aunque no lo parezcan, te las lavas. No te preguntas cómo apareció esa impresión de suciedad; te limitas a lavártelas. De manera similar, si te permites estar abierto a la posibilidad de que tú o tu cliente necesitéis una limpieza y utilizas las herramientas pertinentes, harás un mejor trabajo y ayudarás a la otra persona a recuperar su autonomía.

En algunas clases, cuando hemos hablado de la limpieza ha habido alumnos que se han sentido tristes ante la perspectiva de expulsar una entidad. Tal vez no querían soltarla o que sufriese algún daño. Estos pensamientos los pone justamente la entidad en la mente de la persona para tener alimento durante el resto del día.

Alguien me habló en una ocasión de su experiencia. Resulta que alojaba a una entidad que estaba extremadamente triste. Sentía sus emociones tan profundamente que no había pensado que «sus» sentimientos de tristeza y arrepentimiento fuesen de

---

* Caroline Myss, mística, médica intuitiva, amiga íntima de Shealy, con quien ha escrito varios libros, es una autora estadounidense que ha escrito numerosos libros y ha grabado varios CD con audios. Su producción incluye diversos éxitos de ventas recogidos en la lista de *The New York Times* (se mencionan aquí directamente los títulos en castellano): *Anatomía del espíritu, La medicina de la energía, El contrato sagrado, El poder invisible en acción, Las siete moradas* y *Desafiar la gravedad*. Su libro más reciente, *Arquetipos: ¿quién eres en realidad?*, ha sido publicado en 2019 (la versión original, en inglés, en 2013).

la entidad (una persona que había fallecido). Esto se explica en detalle en mi libro *Reweaving the Fabric of Your Reality*.

Es fácil que ocurra que quienes han sido «limpiados» sigan sintiendo una emoción residual procedente de la entidad. El aceite Mantra, de AroMandalas, acaba con ese residuo. Si no tienes este aceite, puedes pedir recibir su efecto, lo cual también es efectivo. Una vez que hayas experimentado el aceite Mantra, tu conciencia podrá atraer dicho efecto.

La fórmula de Mantra es muy especial para el propósito de la limpieza energética, pero si tienes otros aceites que quieras usar con este fin, adelante (consulta la lista de otros aceites de AroMandalas en la tabla 8.1, en la página 194).

¡Mantén los ojos abiertos!

Cerrar los ojos es útil en las prácticas de meditación y constituye una estrategia habitual para apaciguar la mente en las prácticas de silencio. Sin embargo, con los ojos cerrados, es probable que la conciencia se deslice fuera del cuerpo, hacia espacios dimensionales superiores, lo cual puede ser bueno en el contexto de la meditación, pero no lo es en el de la conexión con los registros akáshicos. Cuando la conciencia «abandona el cuerpo», podemos perder la noción de lo que está ocurriendo aquí, en el presente.

En la meditación normal puedes pensar que te has quedado dormido cuando, en realidad, tu conciencia ha puesto tu cuerpo en «piloto automático» para que puedas entrar en espacios superiores. Regresarás de ahí con conocimiento, pero es posible que esté codificado en una frecuencia más alta de lo que puedas comprender. Esta es la razón por la que «no recuerdas» lo ocurrido, si bien siempre te despiertas cuando termina la meditación. Creces y evolucionas con cada práctica meditativa, incluso cuando no eres consciente de la experiencia que has tenido o no ha sido «desencriptada» para que la puedas comprender.

La práctica de mantener los ojos abiertos puede ser una de las más difíciles para quienes están aprendiendo a acceder a los registros akáshicos. Tal vez pienses que vas a conectar mejor con las fuerzas invisibles si mantienes los ojos cerrados, lo cual puede ser cierto al principio. Sin embargo, aprender a dominar la conexión con los ojos abiertos es uno de los primeros pasos hacia la multidimensionalidad. En tu conexión con los registros akáshicos construyes un puente para canalizar información desde la undécima dimensión y vale la pena que dediques esfuerzos a ello. Es importante y puedes hacerlo.

Estás aprendiendo a acceder a esta dimensión superior a través de un portal que se ha creado con este fin. Concibe este proceso como una nueva herramienta que puedes adquirir. El hecho de mantener los ojos abiertos permite que tu conciencia permanezca anclada en tu cuerpo físico mientras aprendes a establecer contacto con la undécima dimensión y con los registros akáshicos, alojados en esta.

Ábrete al flujo de información

A continuación, permite que la información fluya a través de ti. Al principio, tal vez te parecerá extraña la idea de desconectar tu personalidad, y es posible que ni siquiera la entiendas. Pero te resultará mucho más fácil de lo que crees, porque son muchas las personas que lo han logrado; esto te permitirá acceder a la rejilla y los rastros que otros han dejado.

Desplaza la autoconciencia a la parte de atrás de tu mente. Es importante que dejes que esto ocurra de forma natural. Lo único que hace falta es que lo permitas, ya que es algo que sucederá naturalmente cuando te abras a los registros akáshicos.

Una vez que domines la habilidad de enviar tu personalidad al fondo de tu conciencia, la información fluirá fácilmente procedente de los guías de los registros akáshicos. Algunas personas encuentran que la información fluye con tanta facilidad que olvidan su personalidad y su ego mientras tiene lugar el dictado. Se sorprenden de la facilidad con la que fluyen las palabras, las imágenes o ambas.

Con la práctica, irás percibiendo que el «hilo» de la conexión se va haciendo más fuerte. Estás aprendiendo una nueva modalidad de comunicación y, como observador de tu mente, cada vez serás más consciente de que esto está ocurriendo. Desde la posición de observador podrás permitir que este hilo o canal se refuerce mientras te mantienes consciente del entorno físico.

Ejercicio 3.2

ABRIR LOS REGISTROS AKÁSHICOS
Di la oración sagrada

Esta vez utilizarás la oración sagrada (consulta la página 76) de la misma manera que antes. Debes pronunciar toda la oración en voz alta una vez. Luego, en silencio, dila dos veces para tus adentros, con un pequeño cambio: sustituye los fragmentos subrayados por los que están entre corchetes, añadiendo tu nombre legal completo en los espacios en blanco. Debes usar tu nombre legal, no tu nombre de pila o algún apodo, es decir, el que consta en tu pasaporte o carné de identidad. No te compliques. Si lo tienes y usas regularmente tu segundo nombre, dilo también; si no, omítelo, a menos que otro miembro de tu familia se llame igual que tú y el segundo nombre permita identificarte a ti exclusivamente. También cabe tener en cuenta esto en relación con los miembros de la familia que tienen el mismo nombre que su progenitor. Uno de ellos es sénior, mientras que el otro es júnior. En cualquier caso, insisto en que debes decir un nombre que te distinga de tus familiares. A pesar de que no es habitual que una mujer tenga el mismo nombre que su madre, la hija de Eleanor Roosevelt era júnior, ¡incluso en los documentos judiciales!*

Haz las preguntas

1. En una página en blanco de tu diario, escribe la fecha y luego mira la primera de las seis imágenes de muestra (figuras 3.1 a 3.6), como hiciste en el ejercicio de calentamiento. Escribe la pregunta completa: «Custodios y guías de los registros, ¿qué puedo saber sobre la primera imagen?».

2. Anota lo que te digan tus custodios y guías en respuesta a esta pregunta. Pueden ser unas pocas palabras o algunas oraciones. Sean cuales sean las respuestas que acudan, apúntalas. Escribe deprisa y haz todo lo que puedas para no censurarte.

3. Repite este ejercicio con cada una de las seis imágenes de muestra (figuras 3.1 a 3.6, en las páginas 80 y 81). Acuérdate de dedicar una página a cada pregunta.

Cierra los registros

1. Cierra los registros cuando hayas acabado de escribir las respuestas a las preguntas anteriores formulando la siguiente declaración en voz alta: «Doy las gracias a los custodios de los registros. Amén, amén, amén. Mis registros ya están cerrados». Para cerrar los registros es necesario que pronuncies

---

* Naturalmente, en las culturas en las que las personas tienen dos apellidos la identificación es más simple y el riesgo de confusión es menor (N. del T.).

las tres frases indicadas, aunque puedes cambiar el orden. Si no te gusta la palabra *amén*, elige una alternativa también conclusiva, como «así sea», y pronúnciala tres veces.

2. Cuando hayas terminado el ejercicio y hayas cerrado los registros akáshicos, puedes pasar a abordar otro tema si quieres. Si te interrumpen, cierra los registros diciendo tres veces «amén» o «así sea» y ábrelos más tarde o cuando tengas tiempo. No abordes asuntos diferentes sin cerrar los registros en cada ocasión. Si te encuentras con que has salido de los registros akáshicos, ya no regresarás a ellos y aún están abiertos, ciérralos.

Tómate un momento para memorizar esta parte del ritual. Incluso puedes escribirla en la última página del diario para tenerla siempre a mano. Las tres partes que componen el cierre de los registros akáshicos son simples: cerrarlos, anunciarlo y dar las gracias. Aunque es recomendable que memorices la oración de cierre, acuérdate de no memorizar la oración sagrada.

LA COMPRENSIÓN DE LAS RESPUESTAS QUE ACUDEN

Cuando hayas hecho el ejercicio con cada una de las seis imágenes, compara las respuestas procedentes de tu intuición o de tu yo superior con las de los custodios de los registros. A continuación, compara tus respuestas con las que aparecen en las tablas siguientes, ofrecidas por estudiantes míos; esto te ayudará a ver el abanico de respuestas procedentes del yo superior y los custodios de los registros. No mires las respuestas que hay a continuación si no has hecho o no has terminado de hacer el ejercicio, ya que ello interferiría en la recepción espontánea de la información. Nadie está mirando...; bueno, ¡aparte de los custodios de los registros!

Tabla 3.1. Respuestas para la primera imagen

YO SUPERIOR	CUSTODIOS DE LOS REGISTROS
Conexión cósmica. Mente diamantina de Dios.	Este es tu canal de sabiduría. Mira bien y verás el portal que está oculto a la vista. Nunca dudes de la capacidad que tienes de ver más allá del velo.
Una interconexión de posibilidades regida por la misma intención.	Inacabado.
La dualidad de la vida está representada por el reflejo que vuelve a uno mismo. La conexión de la vida con toda la vida.	El amor abunda en toda su belleza. Los bordes de encaje muestran que el amor y la luz rodean todo aquello que elegimos mirar y sentir. El amor abunda en todos los estados del observador.
Apertura a un nuevo espacio de geometría sagrada.	Es el símbolo de la gran puerta que da acceso a todos los secretos del mundo. Se puede acceder a toda la información a través de la geometría sagrada.
Portal estelar, algún tótem.	Sabiduría, portal estelar. Todo es posible. Posibilidades ilimitadas. Unión.

Tabla 3.2. Respuestas para la segunda imagen

YO SUPERIOR	CUSTODIOS DE LOS REGISTROS
La cuna de la vida lo abarca todo. Todo fluye hacia dentro y hacia fuera.	La cumbre de la tradición mística es plana y ancha. Llega hasta toda la creación y la rodea. Lleva la sabiduría de la belleza y el arte a todo lo que hagas. Es una parte importante de la creación.

YO SUPERIOR	CUSTODIOS DE LOS REGISTROS
Es un lugar de oportunidades. Está diseñado para que tu mente no deje de maravillarse.	Esto representa un lugar de creación de oportunidades, un lugar de inspiración y relajación, un lugar de gozo en el que la mente física puede relajarse para expandirse y crear, así, nuevos caminos inexplorados.
Esto es un túnel que lleva al otro mundo y tiene espíritus animales encima.	Estás entrando en el gran salón del conocimiento, al que acuden todos los espíritus y en el que se reabastecen de energía y poder. En la parte superior, el espíritu guardián del salón dirige toda la actividad.
La conexión con la tierra es importante, pues nada puede crecer sin ella. De nuevo, nuestro reflejo regresa a ella. Imagen dual; la energía pesada conecta con la tierra.	Abundan muchos templos de distintas formas. La luz y la actividad que hay en su interior se muestra bajo la superficie. La parte superior también puede verla todo el mundo, pero quienes solo ven la parte superior de la imagen no perciben su verdadera fuerza ni la belleza del conjunto.
Corona del corazón de Buda.	Jardín sagrado. Reino de la luz. Naciones Unidas.

Tabla 3.3. Respuestas para la tercera imagen

YO SUPERIOR	CUSTODIOS DE LOS REGISTROS
Arcoíris y majestuosidad. El maestro oculto.	¡Date cuenta de las caras ocultas que no estaban ahí antes!
Elementos del cielo que caen en cascada en una pieza artística.	La belleza de los elementos. No es de este planeta. Un medio de inspiración, traído por guardianes de la luz o seres de luz.
Necesitamos una fuerza estabilizadora o un poste de enganche para mantenernos arraigados mientras vivimos en la luz. El centro es para todos.	Abunda una gran magnificencia en todas las formas. La solidez de las bases sostiene toda la construcción.

YO SUPERIOR	CUSTODIOS DE LOS REGISTROS
De la oscuridad a la luz, una transformación cerebral.	Esta es la fuente de amor y luz que rebosa por todo el universo; al verterse sobre la oscuridad, la reduce a la nada que es.
Un toque para sostener la luz.	Amor sagrado. Alas fabulosas. Las propias formas de pensamiento se inclinan ante lo sagrado femenino.

Tabla 3.4. Respuestas para la cuarta imagen

YO SUPERIOR	CUSTODIOS DE LOS REGISTROS
Caricatura de un león. Bestia de proporciones desconocidas. Ángeles, *hathors*,* obispo.	Recuerdo de los *hathors*. Sus ojos son como estrellas y su pelo lo abarca todo. El ser interior irradia amor y gratitud. Sabiduría abundante.
Santuario, ritual, expresiones de dignidad y disciplina que hacen honor a los poderes superiores.	Esta imagen evoca la remembranza de un ser elevado, la necesidad de volver a conectar con la fuerza suprema.
Cara feliz sobre el cuerpo estable de una fuerza bien asentada.	En todo trabajo ha de hallarse la fantasía. Despreocúpate y contempla el verdadero sentido de la vida y sus procedimientos majestuosos. Encuentra el gozo en tu fuerza interior.
Un monstruo alrededor de un cáliz.	Esta imagen representa los opuestos que son el bien y el mal, si bien ninguno de los dos existe. Vemos la coexistencia entre ambos.
Líder tribal.	El País de las Maravillas. Señal de santidad. Signo secreto del antiguo Egipto.

---

* Según la tradición esotérica, los *hathors* son un grupo interdimensional, de seres intergalácticos que estuvieron conectados con el Antiguo Egipto a través de los templos de la diosa Hathor. Siempre han acompañado a los seres humanos para ayudarnos y mostrarnos el camino que debemos seguir para expandir nuestra conciencia.

Tabla 3.5. Respuestas para la quinta imagen

YO SUPERIOR	CUSTODIOS DE LOS REGISTROS
Reino más allá del sol. El camino hacia la maestría, el camino hacia la Revelación.	La sabiduría emerge mientras se está buscando el sol. Todos los caminos llevan a la unidad. Un Dios, un amor, un corazón. Recuerda que formas parte del todo mayor que ha abrazado al universo con amor y luz.
De vez en cuando los maestros se muestran en el cielo para confirmar de forma irrefutable su existencia y que cuentas con su apoyo.	El cielo es a menudo un lugar de contemplación en el que nosotros, los seres que tenemos una energía elevada, enviamos pruebas de nuestro amor y nuestra existencia a la humanidad. No hay que tomárselo a la ligera; es un regalo para todos los que quieren ver.
Abunda una luz magnífica en nuestro interior. Los reinos superiores reflejan un gran amor y los frutos de luz de los campos constituyen la base de la vida.	Una hermosa mañana. Abunda una magnífica luz. Bendiciones procedentes de campos fecundos y muchas serendipias en las nubes. ¡Qué lleno está este bello día! Y una gran majestuosidad, pero arraigada en el amor.
El rey Herodes sobre su reino, y el sol como su fuente de poder.	En todo el universo hay una estructura energética jerarquizada que lo mantiene en su sitio y protege a la Tierra y a todos sus habitantes. El día del cielo en la Tierra está llegando y cuando el sol gobierne, cada uno encontrará su propio poder en su interior y reconocerá la ayuda que podemos obtener por parte del mundo espiritual.
Energía apacible.	Imprimación de los seres. La unidad de la Tierra y el cielo. Hombres y mujeres sagrados bailan entrelazados entre sí y todos los cordones de plata tienen nombres de energía.

Tabla 3.6. Respuestas para la sexta imagen

YO SUPERIOR	CUSTODIOS DE LOS REGISTROS
Dragones jugando.	Aparecen los dragones. El caos toca a su fin y el orden se ve restablecido. Recuerda tus recursos.
Los dragones y elementales están presentes en tu vida y están listos para servirte.	Hay un abanico completo de auxiliadores de la luz listos para ayudar a cualquiera que los llame. Los dragones se cuentan entre los seres más consagrados a la raza humana. Tienen interés en prestar servicio de todas las formas posibles, pero hay que pedírselo.
Un torbellino de energía desprovisto de propósito.	Son dragones de fuego que, llenos de júbilo, están limpiando el mundo de toda negatividad. Están trabajando sin cesar en dimensiones más elevadas para que el planeta se conserve limpio. También trabajan para cualquiera que les pida ayuda para limpiar su entorno.
Hay un caos masivo. Las fuerzas de la oscuridad superan a las de la luz. Algunos permanecen fuertes.	A veces, el caos y las desgracias irrumpen en la vida de todos. El dragón permanece fuerte en la base para resolver cualquier problema. La oscuridad del mundo y sus seguidores se transformarán pronto en una gran luz blanca dotada de otro propósito. Recuerda esto cuando te encuentres con la oscuridad y la insatisfacción. ¡Llama a los dragones y a la luz blanca!

Sigue haciendo las mismas preguntas tanto a tu yo superior como a los custodios de los registros durante algunas sesiones más. Así es como irás forjando tu habilidad.

4

SABIDURÍA PRÁCTICA

*Instrucciones y explicaciones
esenciales paso a paso*

Has efectuado tu práctica de calentamiento, que ha consistido en anotar impresiones de imágenes indefinibles procedentes, primero, de tu propia guía intuitiva o yo superior y, luego, de los custodios de los registros. Observa que las imágenes no se pueden definir en términos tradicionales ni se puede decir con seguridad qué hay en ellas. Esto hace que sea fácil confiar en la propia intuición y en los custodios de los registros, porque la mente o la lógica humana no pueden encontrar sentido a las fotos.

A continuación, practicarás con preguntas reales. Después de unas cuantas sesiones, empezarás a advertir un patrón y diferencias claras entre las respuestas procedentes de tu yo superior o la intuición y las procedentes de los custodios de los registros. Esto te será útil, porque comenzarás a notar que la información proveniente de fuentes distintas está asociada a un uso del lenguaje, a unos matices y a un tono distintos. El hecho de percibir esto como observador mejorará tus habilidades a la hora de trabajar con los custodios de los registros akáshicos.

Una de las señales que deberías advertir con bastante rapidez es que el lenguaje que usan los custodios de los registros es elevado. A menudo emplean palabras que pueden formar parte de tu vocabulario pero que no utilizas habitualmente al expresarte. Estas palabras suelen presentar una imagen más amplia de la misma idea. La conocida parábola de los seis ciegos y el elefante es una metáfora visual que puede ayudarte a comprender las diferencias. Cada ciego se enfoca en una parte diferente del elefante para describirlo y el rey, tras escuchar a cada uno de ellos, dice que todos están en lo cierto.

Al principio tú eres como los ciegos y tus custodios de los registros son como el rey que ve todo el elefante. Pueden inspirarte a contemplar tus experiencias desde una perspectiva más amplia. Debido a que son *tus* custodios de los registros y tú, en ese momento, eres el escriba, es más fácil que aceptes, creas y sientas sus revelaciones.

Al final de este capítulo (página 111) encontrarás una tabla gracias a la cual podrás identificar mejor estas diferencias. Es una de las herramientas que te ayudarán a percibir la diferencia energética entre tu intuición y los custodios de los registros.

RECIBIR RESPUESTAS A PREGUNTAS

A continuación haremos un ejercicio con preguntas reales en lugar de imágenes. En el primer ejercicio miraste cada foto y le preguntaste a tu yo superior o a la intuición, y luego repetiste todo el ejercicio con las seis fotos usando la oración sagrada para abrirte a los registros akáshicos, y escribiste las respuestas. Una vez más, empezarás por preguntarle a tu yo superior y *después* usarás la oración sagrada para abrirte a los registros akáshicos. No compares tus respuestas hasta que hayas terminado el ejercicio. Déjate sorprender por la continuidad y la fluencia, así como por los matices y las diferencias que veas en tus respuestas.

Escribe siempre lo que recibas. Algunas personas tienden a censurar las respuestas que les llegan. Si ves un color, escríbelo. Si te llega una imagen, descríbela lo mejor que puedas o dibújala si es posible. Si tienes una sensación, nómbrala y descríbela por escrito. Si experimentas una sensación corporal, como una picazón en la oreja, un cosquilleo en la garganta o un dolor agudo en el dedo del pie, escríbelo. Solo describiendo las experiencias puedes empezar a comprender realmente lo que se te está transmitiendo. Esto se debe a que tus custodios de los registros pueden hablar con símiles o metáforas cuando estás escribiendo al dictado.

Hay otras señales que indican que uno se encuentra en los registros. Un alumno dijo: «Mientras pronuncio la oración, todo empieza a cambiar a mi alrededor. Es algo sutil pero perceptible. Puedo reconocer esto y esa energía». Y estas son las palabras de otro alumno: «Mis experiencias son similares a algunas otras de diversión que he tenido. Me sorprendió que las respuestas a las preguntas procedentes de los registros fueran asombrosamente fáciles y llenas de distintas percepciones y que viniesen formuladas en un lenguaje distinto al cotidiano, y también percibí todo el rato un sentido del humor y un cambio energético».

HERRAMIENTAS OPCIONALES

Antes de realizar el siguiente ejercicio voy a darte algunos consejos y herramientas prácticos que te ayudarán a recibir la información de forma más precisa. Si no dispones de ninguna de las herramientas, sigue adelante de todos modos; trabaja con lo que tengas y obtén las herramientas cuando puedas, si quieres tenerlas. Su finalidad es que puedas realizar mejor tu trabajo, pero es importante no volverse demasiado dependiente de una herramienta o técnica que no es necesaria, sino solo beneficiosa.

Cristales

Muchos de los que estáis leyendo estas páginas adoráis vuestros cristales. Yo también. He encontrado algunos cristales muy especiales que son ideales para el trabajo con los registros akáshicos. Mi cristal favorito para este propósito es el *faden*.* Es un cuarzo transparente y tiene «hilos» rectilíneos que lo atraviesan en un ángulo de noventa grados con respecto a los puntos del cristal.

Figura 4.1. Cristal *faden*.

Además, cualquier berilo también te ayudará a conectarte con la luz. Esto se debe a que los berilos tienen una estructura

---

* *Faden* significa 'hilo' en alemán.

cristalina hexagonal, la forma de geometría sagrada más potente para conectarse con la luz. Algunos de los más usados son la morganita, la aguamarina y la goshenita. La apofilita es un increíble cristal dimensional de usos múltiples que te ayudará a lograr avances en tu conexión con los ámbitos dimensionales superiores. Tiene muchos otros propósitos y es una piedra notable para favorecer el avance de la conciencia superior.

Figura 4.2. Goshenita.

Figura 4.3. Morganita.

Figura 4.4. Apofilita.

El tamaño del cristal no importa. Tanto si tu pieza es grande como si es pequeña, tanto si está tallada como si el corte es áspero o es una piedra natural, te ayudará de la misma manera. Finalmente, el cuarzo transparente amplifica casi cualquier energía positiva que se encuentre en el lugar, de manera que también puedes aprovechar esta circunstancia.

Asegúrate de que tus cristales sigan siendo transparentes y estando limpios. Hay muchas formas de limpiarlos. Colocarlos sobre un trozo de selenita o ponerlos en el alféizar de una ventana donde la luz del sol pueda purificarlos durante unas veinticuatro horas son dos buenas opciones.

AroMandalas®: Akasha

Las mezclas de aceites esenciales de AroMandalas fueron canalizadas (la fuente de la canalización es María Magdalena) para ayudar a la humanidad a lidiar rápidamente con las emociones dolorosas. El conjunto comprende veinticuatro mezclas.

Las elaboró mi ayudante, una aromaterapeuta cualificada, como elementos de apoyo para mis formaciones y meditaciones. Tanto a ella como a mí nos sorprendió toda la información recibida, las fórmulas –que rompían las reglas tradicionales– y los potentes efectos. Estoy profundamente agradecida a esta mujer tan evolucionada, que recibió esas potentes fórmulas, las combinó y manifestó estas mezclas tan efectivas.

Akasha, la combinación que surgió para respaldar las sesiones en los registros akáshicos (tanto personales como profesionales), es tan potente que puede amplificar la claridad de la información. Akasha también ayuda a quienes lo utilizan a conectarse con los ámbitos dimensionales superiores, tanto durante una sesión en los registros como en otros momentos –por ejemplo, en el transcurso de una meditación–. Ayuda a comprender qué debe implicar ser humano en un planeta que está vivo y en el que todos trabajen juntos para generar un cambio de conciencia.

Un *mudra* secreto

Hace muchos años, en el curso de una meditación pedí una manera de mejorar mi conexión en las prácticas meditativas. Me sorprendió que me mostraran una forma de tomar mis manos. Más tarde descubrí que otras personas también conocían este recurso. Es posible que hayas puesto las manos en esta posición, conocida como *mudra de la conexión*, de forma espontánea.

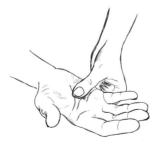

Figura 4.5 (a). El *mudra* de la conexión con la primera mano (visión de la palma).

Figura 4.5 (b). El *mudra* de la conexión con la primera mano (visión del dorso).

Autor de las ilustraciones 4.5 (a), 4.5 (b), 4.6 (a) y 4.6 (b): Ryan Fabry.

El *mudra* de la conexión se puede utilizar para activar el conocimiento oculto. En el centro de las palmas de las manos (y en las plantas de los pies) hay un chakra que emite rayos secretos. Cuando tocamos la palma de la mano deliberadamente, este chakra se activa y mejora la comunicación desde los reinos superiores. Colocar el pulgar en la palma de la mano opuesta activa este *mudra*. Los dedos descansan cómodamente en el dorso de la misma mano. Puedes usar cualquiera de las dos manos para hacer este *mudra*, ya que una de las maneras te resultará más cómoda que la otra. Haz el *mudra* mientras pronuncias la oración de apertura.

Figura 4.6 (a). El *mudra* de la conexión con la segunda mano (visión de la palma).

Figura 4.6 (b). El *mudra* de la conexión con la segunda mano (visión del dorso).

Ejercicio 4.1

PREGÚNTALE A TU YO SUPERIOR

Empecemos. Mira cada una de las preguntas de la lista siguiente y escribe la respuesta que te proporcione el yo superior para cada una de ellas. Después de anotar la fecha actual en tu diario, escribe cada pregunta en una página nueva, seguida de las respuestas que recibas.

* Yo superior, ¿cuál es la definición de *servicio*?
* Yo superior, ¿cómo he de servir?
* Yo superior, ¿cuál es la definición de *integridad*?
* Yo superior, define mi integridad.
* Yo superior, ¿cuál es mi misión?
* Ahora, elige un suceso o episodio divertido que hayas vivido en algún momento de la última semana o recientemente y pregunta: «Yo superior, ¿qué puedo saber sobre este hecho?». (En el ejercicio siguiente preguntarás sobre el mismo hecho en los registros akáshicos).
* Ahora, elige un suceso o episodio intenso o difícil que hayas vivido en algún momento de la última semana o recientemente y pregunta: «Yo superior, ¿qué puedo saber sobre este hecho?». (En el ejercicio siguiente preguntarás sobre el mismo hecho en los registros akáshicos).

Ejercicio 4.2

ABRE LOS REGISTROS AKÁSHICOS

Ahora es el momento de que abras tus registros akáshicos y hagas las mismas preguntas que acabas de formularle a tu yo superior. Deberás seguir el mismo protocolo que te ofrecí en el capítulo anterior, que se vuelve a exponer aquí para que tengas a mano las instrucciones que debes seguir, paso a paso, con cada pregunta.

Protocolo de los registros akáshicos: instrucciones paso a paso y explicaciones

1. Empieza siempre con la oración sagrada para abrir los registros akáshicos. Lee la oración en todos los casos; no la memorices. Dila tres veces. La primera vez, pronúnciala en voz alta tal como se presenta en la versión principal, la que tiene los fragmentos subrayados. Las veces segunda y tercera, debes decirla en silencio, sustituyendo los fragmentos subrayados por las alternativas que aparecen entre corchetes y añadiendo tu nombre en los espacios en blanco. Cuando hayas acabado de pronunciar la oración la tercera vez, declara: «Mis registros ya están abiertos».

Llamo al gran director divino, a Lord *Sanat Kumara y a la diosa de la libertad para que supervisen mi trabajo en los registros akáshicos. Le pido a mi yo superior que me ayude a estar en mi conciencia de la quinta dimensión.*

Le pido a Dios (a la Fuente) que disponga su escudo de amor y verdad a mi alrededor [alrededor de _____] permanentemente, para que solo existan el amor y la verdad de Dios entre vosotros y yo.

Invito a los Lords *de los registros akáshicos a permitir que mis maestros, instructores y seres queridos [los maestros, instructores y seres queridos de _____] puedan canalizarse a través de mí, desde los reinos que están compuestos por la luz de Dios en un cien por cien, para decir lo que quieran.*

2. Mantén siempre los ojos abiertos durante toda la sesión, ya que ello te ayudará a permanecer conectado a tierra, concentrado y alerta.

3. Acuérdate de no cruzar los brazos ni las piernas. No te sientes en la postura del loto. El hecho de no cruzar entre sí ninguna parte del cuerpo tiene una repercusión sustancial.

4. Haz el *mudra* secreto: coloca un pulgar sobre la palma de la mano opuesta (utiliza cualquier mano; te sentirás más a gusto con una de las dos opciones).

5. Tal vez te apetezca utilizar un cristal apropiado y la mezcla de aceites esenciales Akasha. Recomiendo el cuarzo transparente y muy especialmente el cristal *faden*.

6. Empieza con cualquier oración de apertura con la que te sientas cómodo.

7. Pide siempre permiso para acceder a los registros ese día.

8. Para saber si estás en los registros akáshicos, presta atención a lo que oigas o sientas. Ejemplos de *indicadores* silenciosos pueden ser un «sonido sin sonido», una presión.sobre el pecho o la percepción del pulso del universo. Estas señales son indicativas de que la conexión con los registros akáshicos se ha establecido. Hablaré de ellas con más detalle en el capítulo cinco.

9. Lo primero que debes escribir es la fecha.

10. A continuación escribe las preguntas y las correspondientes respuestas en tu diario, usando una página nueva para cada pregunta.

- Custodios y guía de los registros, ¿cuál es la definición de *servicio*?
- Custodios y guía de los registros, ¿cómo he de servir?

- Custodios y guía de los registros, ¿cuál es la definición de *integridad*?
- Custodios y guía de los registros, definid mi integridad.
- Custodios y guía de los registros, ¿cuál es mi misión?
- Ahora, elige un suceso o episodio divertido que hayas vivido en algún momento de la última semana o recientemente y pregunta: «Custodios y guía de los registros, ¿qué puedo saber sobre este hecho?». (Escoge el mismo que cuando le has preguntado a tu yo superior).
- Ahora, elige un suceso o episodio intenso o difícil que hayas vivido en algún momento de la última semana o recientemente y pregunta: «Custodios y guía de los registros, ¿qué puedo saber sobre este hecho?». (Escoge el mismo que cuando le has preguntado a tu yo superior).

11. Cierra los registros cuando hayas acabado de escribir tus respuestas. Di en voz alta: «Doy las gracias a los custodios de los registros. Amén, amén, amén. Mis registros ya están cerrados». Nunca mantengas los registros abiertos si no estás trabajando en ellos.

Trabaja en tus registros tres veces a la semana o más. También puedes hacer tus propias preguntas, pero haz todo lo posible para abordar, antes, las preguntas de cada apartado. La tabla 4.1 constituye una hoja de respuestas para este conjunto de preguntas y una guía para que compares tus propias respuestas. Es mejor que no consultes la tabla hasta que hayas hecho los ejercicios anteriores.

Tabla 4.1. Respuestas de un estudiante

PREGUNTA	RESPUESTAS DEL YO SUPERIOR O LA INTUICIÓN	RESPUESTAS DE LOS CUSTODIOS DE LOS REGISTROS
¿Cuál es la definición de *servicio*?	Ofrecerse a uno mismo para ayudar a los demás. Aceptar la verdadera naturaleza de uno para hacer del mundo un lugar mejor.	Darse a sí mismo para cualquier propósito o por cualquier motivo. El servicio consiste en expandir el amor por el mundo y compartir este amor universal de la forma más maravillosa. Una mera sonrisa es un acto de servicio. Asentir con la cabeza o incluso guiñar un ojo es un acto de servicio. Tienes mucho por ofrecer; elige algo y dalo con gozo. Recibir es otra forma de servir, de mostrar el camino, de encontrar la compasión en todo lo que se hace.
¿Cómo he de servir?	Ayuda a los demás a sanarse a sí mismos. Prestas servicio como sanador.	Sirve como quieras, pero lo que se te da mejor es utilizar el sonido para canalizar sanaciones para otras personas. Has sido bendecido con unos talentos únicos relativos a la sanación de los demás, la relación con los demás y el amor por los demás. Utiliza estos talentos en todas las situaciones, todos y cada uno de los días. Debes saber que el poder del amor universal está siempre contigo.
¿Cuál es la definición de *integridad*?	Proceder según la propia verdad. La integridad consiste en seguir siempre al propio corazón.	Uno no deja de ser íntegro siempre que su intención sea positiva y aspire a un bien mayor. La integridad consiste en ser fiel al amor que uno es. Recuerda que es posible que el amor que ofreces a los demás no sea aceptado como tal.

PREGUNTA	RESPUESTAS DEL YO SUPERIOR O LA INTUICIÓN	RESPUESTAS DE LOS CUSTODIOS DE LOS REGISTROS
Define/Definid mi integridad.	Ser quien soy y no pretender ser otra persona. Dejar que los demás encuentren sus propias respuestas.	Tu integridad radica en que conozcas tu propia verdad y en que seas un portador de la luz para los demás.
¿Cuál es mi misión?	Escuchar, ser compasivo y convertirte en un conducto abierto para que otros sanen.	Ayudar a quienes aparecen en tu camino a sanarse a sí mismos, especialmente utilizando el sonido.
¿Qué puedo saber sobre ese suceso divertido que he vivido esta semana o recientemente?	Siempre es importante encontrar tiempo para pasarlo con la familia.	Es importante afianzar el vínculo entre la familia y los amigos, y las ocasiones especiales son perfectas para ello.
¿Qué puedo saber sobre ese suceso intenso o difícil que he vivido esta semana o recientemente?	Es importante permanecer al lado de alguien cuando tiene problemas y ayudarlo a superar los obstáculos que esté afrontando.	Es importante que sepas que el problema solamente era temporal y que fuiste fundamental para ayudarlos a regresar rápidamente a su estado emocional y mental normal.
¿Qué puedo saber sobre el hecho de que me hayan despedido del trabajo?	Es una bendición para ti tomar esta oportunidad como una señal contundente de que vayas adelante con tu misión.	Hay muchas fuerzas en acción aquí que has discernido con tu yo superior, pero hay más cuestiones de las que debes ser consciente. Usa tu amor y tu luz para ayudar a otros en este difícil momento de transición del trabajo que acabas de perder a tu nueva etapa.

Ahora es el momento de que eches un vistazo a las respuestas que has obtenido. Observa si detectas un patrón similar. Date cuenta de que tus custodios de los registros presentan la información de una manera más grandilocuente y de que a menudo usan oraciones completas. Se dirigen a ti. Es frecuente que llamen «querido(a)» al alumno o alumna que se dirige a ellos; esta es otra señal de que te encuentras en contacto con los registros akáshicos.

Examina la tabla 4.2. Al analizar tu propio trabajo, identifica las diferencias habituales entre tu yo superior y los custodios de los registros.

Tabla 4.2. Características de las respuestas del yo superior y de los custodios de los registros

CARACTERÍSTICAS DE LAS RESPUESTAS PROPORCIONADAS POR EL YO SUPERIOR	CARACTERÍSTICAS DE LAS RESPUESTAS PROPORCIONADAS POR LOS CUSTODIOS DE LOS REGISTROS
1. El discurso se limita a los hechos.	1. El discurso es fluido, más suave.
2. Tono insulso; fuente objetiva.	2. El tono es siempre amoroso y amable; siempre explican el porqué, a menudo cuando uno lo necesita.
3. Precisión y detalles, información basada en las causas y los efectos; sigue la lógica.	3. Respuestas enriquecedoras y que consuelan el ámbito emocional de la persona. Sabiduría y puntos de vista sorprendentes.
4. Tono: más orientado hacia la acción.	4. Tono: a menudo didáctico; explica posibilidades.
5. Conversación directa con el yo superior (no parental).	5. «Nosotros» hacia ti. Las respuestas proceden de una «conciencia grupal».
6. El yo superior brinda información que no has pedido pero que necesitas: «Actúa en consecuencia».	6. Las respuestas pueden contener información sorprendente, pero la persona debe abrir los registros para obtenerla.
7. La nueva normalidad es que el canal de comunicación está siempre abierto.	7. Sensación de bienestar cuando se está en los registros.

CARACTERÍSTICAS DE LAS RESPUESTAS PROPORCIONADAS POR EL YO SUPERIOR	CARACTERÍSTICAS DE LAS RESPUESTAS PROPORCIONADAS POR LOS CUSTODIOS DE LOS REGISTROS
8. Ausencia de polaridad y de dualidad; la elección es siempre «según Dios». Puedes ser «tan bueno» como un profesional habilidoso, como un aprendiz de tercer año que esté haciendo las tareas de un oficial.	8. «Despegue» desde la 5D hasta los registros akáshicos, que se encuentran en la undécima dimensión, *sin preconceptos*.
9. Lenguaje directo.	9. Palabras que la persona no usa a menudo, combinaciones infrecuentes de palabras. Vocablos grandilocuentes.
10. Descarga rápida; a menudo más de lo que uno alcanza a escribir.	10. La información puede acudir palabra por palabra; no analítica.
	11. Hay que percibir una emoción. Humor, cambio dimensional, uno siente que está en un lugar diferente.
	12. Puede acudir un caudal de información de golpe.

Los custodios de los registros combinan las palabras de una forma distinta a como lo harías tú. Usan términos y patrones de palabras que, claramente, no utilizas en el habla cotidiana.

En una ocasión, el marido de mi anfitriona me pidió que hiciera una lectura para él. Esperó hasta que ella salió de casa para ir a una reunión de padres y profesores, me buscó y me dijo: «Mi mujer me ha dicho que estarías encantada de abrir los registros akáshicos para mí». ¡Unos días después supe que era un profesor de meditación de otro linaje! En su sesión, los custodios de los registros me transmitieron una palabra que no había oído nunca antes y cuando intenté confirmarla, me dijo: «Sigue adelante».

Eso me indicó que había entendido la palabra. Esa sesión le confirmó la eficacia del trabajo con los registros akáshicos.

Seguiremos trabajando con el yo superior y los custodios de los registros durante algunas sesiones de práctica más.

CÓMO LIDIAR CON LOS BLOQUEOS

A veces experimentarás resistencias y encontrarás respuestas que no podrán considerarse «amorosas». O quizá estés completamente en blanco. Si puedes obtener algunas respuestas pero sin embargo, de forma inesperada, no sientes nada o no acuden esas respuestas, puede ser que tengas un bloqueo en torno a esa cuestión o materia. Si no recibes ninguna respuesta, pasa a la siguiente pregunta. Si sigue ocurriendo, es posible que debas eliminar un bloqueo. En ocasiones se trata de bloqueos energéticos (formas de pensamiento) que uno mismo ha creado inadvertidamente y otras veces los han creado otros. A veces hay que efectuar un trabajo de limpieza como el que se describe en el capítulo tres (página 83) y en ocasiones basta con recitar una oración sencilla.

Si no recibes absolutamente nada en respuesta a una pregunta en concreto y, no obstante, has estado recibiendo buena información todo el rato, utiliza la siguiente oración. Pronúnciala tres veces para tus adentros.

> ### Oración para eliminar bloqueos
>
> *Queridos* Lords *del akasha, si este bloqueo puede eliminarse, retiradlo amablemente, para que (yo) pueda ser un canal preciso para la sabiduría de Dios y los registros akáshicos.*

5

UN PODER ÚNICO

*Más sobre tu conexión con el yo superior
y con los registros akáshicos*

En este capítulo dominarás la conexión con tu yo superior y con los registros. ¿Te parece mucho? Bueno, lo es. Las claves son tu voluntad de soltar tus ideas preconcebidas relativas a cómo se comunica contigo tu yo superior, ser receptivo a los custodios de los registros y practicar. Así como eliges a qué médico acudir en función del problema de salud que te aqueje, también aprenderás qué tipo de preguntas son más pertinentes para tu yo superior y cuáles lo son para los custodios de los registros.

A QUIÉN PREGUNTAR

¿Debes preguntar a tu yo superior o a los custodios de los registros? Si te encuentras en medio de alguna actividad o situación y necesitas verificar ciertos sucesos o cierta información, es probable que no tengas tiempo de abrir los registros akáshicos. En este caso, te conviene acudir a tu yo superior. Tu yo superior es proactivo; tu yo inferior, en cambio (la intuición, los deseos, el ego) es reactivo. Es decir, si tienes activada la conexión con tu yo superior, puedes preguntarle sobre situaciones y circunstancias que estén ocurriendo y tengan que ver con actividades o proyectos diarios en los que estés trabajando. Pregúntale siempre a tu yo superior sobre situaciones y circunstancias de carácter inmediato. Lo ideal es que, cuando tengas tiempo, les pidas a tus custodios de los registros comprender los sucesos así como las circunstancias y los contextos en los que se producen; pídeles también que favorezcan tu autodescubrimiento y la exploración de la naturaleza de las relaciones y la vida.

A medida que se desarrolle tu conexión personal con el yo superior, pasará a ser un activo del que dispondrás. Como *activo*, tu yo superior puede brindarte información que puedas necesitar y que no sabías que necesitabas. Imagina dos escenarios. En el primero, tu intuición te indica que realices una determinada acción, como reducir la velocidad mientras vas conduciendo. Cuando un conductor imprudente invade tu carril, puedes evitarlo fácilmente. En el segundo escenario, tu yo superior te dice que te detengas en un área de descanso, de manera que sales de la carretera. Al examinar los dos escenarios, puedes ver que en ambos casos pudiste evitar un problema. La versión del yo inferior te mantuvo a salvo, pero en la versión del yo superior no te encontraste con el conductor imprudente. En la segunda versión no interactuaste con el otro conductor y, por lo tanto, no participaste en la situación. Y es que, como he indicado anteriormente, el yo inferior es reactivo, mientras que el yo superior es proactivo.

LA CONEXIÓN CON EL YO SUPERIOR

Tu yo superior es la versión de ti de la quinta dimensión. Todos tenemos múltiples versiones de nosotros mismos en dimensiones superiores. Cada persona cuenta con su propia combinación de elementos pertenecientes a dimensiones superiores. Sin embargo, todo individuo tiene un yo superior que está totalmente conectado con lo divino y con él o ella, y está disponible cuando se lo invita.

Las distintas tradiciones tienen varios nombres para esta energía, pero es un aspecto de ti que contiene lo que has aprendido en otras vidas y puedes disponer de él, absolutamente, como recurso y como guía. Mi yo superior me ayudó a crear este procedimiento, simple pero efectivo, para conectar con él.

Esta herramienta mejorará tu trabajo espiritual en todos los niveles. Te ayudará a dominar la información que recibas en cualquier momento y en cualquier circunstancia. Es una habilidad increíble que podrás usar para todas las decisiones que debas tomar en la vida. ¿Te imaginas poder tener la certeza absoluta sobre algo al consultar con tu yo superior? Esta herramienta es fácil y divertida de aprender y puede enseñarse a cualquiera, incluso al margen del trabajo que estamos abordando en este libro. Por ejemplo, se la enseñé a mi ayudante y a mis hijos, que no están interesados en este tipo de cosas.

Tal vez te estés preguntando cómo puedes saber si necesitas realizar una práctica para conectar con tu yo superior. Si tienes una buena intuición o estás conectado con tu yo superior pero no haces caso de sus indicaciones el cien por cien de las veces, necesitas este protocolo. Si no siempre confías en que estás recibiendo la orientación adecuada, esta herramienta mejorará la comunicación entre tú y tu yo superior para que puedas recibir una información más precisa y confiar más en ella. Usar este protocolo y perfeccionar tu conexión con el yo superior es uno de los trabajos espirituales más importantes que puedes hacer por tu bien en esta vida. Te permitirá elegir con confianza todas las acciones que realices.

Dos pasos para conectar con el yo superior

Debes dar dos pasos para pedir esta conexión y perfeccionarla. Por lo general, el primer paso se da en un contexto meditativo. Siéntate en silencio y pídele a tu yo superior que se acerque un poco más. A continuación, pídele que te dé un símbolo o una señal que represente un *sí*. Espera a que aparezca; ten en cuenta que puede ser algo tenue. Luego, pídele un símbolo o una señal que represente un *no* y espera a que aparezca. Finalmente, pídele un símbolo o una señal que represente una respuesta neutra. Cada una de las señales puede ser física, por ejemplo una sensación corporal. Son señales típicas un picor en la oreja, oír un sonido o ver una determinada imagen al cerrar los ojos; o pueden oírse las palabras *sí*, *no* o *neutro(a)*. Efectúa la petición de esta manera: «Yo superior, dame la señal del *sí*». Repite esta petición con el *no* y después con la respuesta *neutra*. Este es un paso importante y necesario.

A veces experimentarás una sensación en el cuerpo físico; por ejemplo, tu pecho se expandirá y abrirá. O es posible que veas un color en tu mente, aunque tengas los ojos cerrados. A veces oirás un sonido, como una campana o una sirena. En ocasiones recibirás algo en apariencia intrascendente, como un picor en una oreja. No importa cuál sea la señal; lo relevante es que es *la tuya*. Incluso he tenido alumnos cuya señal para el *sí* ha sido un olor especial, a rosas por ejemplo.

Ahora, escribe las señales que has recibido en tu diario. Más adelante, cuando vuelvas a hacer esta práctica, te será más fácil detectar esos símbolos o señales, porque ya sabrás cuáles son. Además, cuando pienses en ellos más tarde con la mente racional, tus notas escritas disiparán tus dudas y evitarán que los olvides, un problema habitual en los principiantes.

Si eres una persona muy mental, es posible que no recibas nada. En este caso te aconsejo que le muestres a tu yo superior un símbolo o señal que puedas replicar. Un procedimiento que utilizo es poner toda la atención en la mano derecha, para sentirla con más energía y más vida; luego hay que extender esta sensación, sucesivamente, al brazo derecho, la parte derecha del torso y la pierna y el pie derechos. Hay que ir desplazando la energía hacia arriba y hacia abajo, hasta que todo el lado derecho se sienta diferente, ligeramente más energizado que el izquierdo. A continuación hay que pedirle al yo superior que se acerque y decirle: «Yo superior, esto [esta energía en el lado derecho] es mi señal para el *sí*». Después hay que hacer lo mismo con el lado izquierdo para obtener la señal del *no* y con la columna vertebral para la respuesta neutra. Enseñarle al yo superior señales como estas, que uno mismo pueda reconocer, sustituye la recepción espontánea de señales expuesta anteriormente. Este procedimiento le funciona a todo el mundo cuando las señales no aparecen por sí mismas.

Más del noventa por ciento de los estudiantes a quienes he formado obtienen los símbolos o señales de inmediato, mientras que un número mucho menor deben usar este procedimiento alternativo de ser ellos quienes les muestren las señales a su yo superior, lo cual también es eficaz.

El segundo paso para pedir la conexión implica que te comprometas con un período de práctica de cuarenta y cinco días, durante el cual debes respetar los puntos que se indican a continuación. Debes seguir estrictamente el protocolo para lograr la precisión que buscas. Aunque hagas lo indicado durante cuarenta y cinco días solamente, la herramienta estará contigo el resto de tu vida.

Ejercicio 5.1

PRÁCTICA DEL YO SUPERIOR

Dirígete siempre a tu yo superior por su nombre (empieza diciendo: «Yo superior...») y asegúrate de seguir las siete pautas siguientes:

1. Escribe las fechas de inicio y final de tu práctica, contando cuarenta y cinco días.

2. Tus preguntas solo han de poder recibir, como respuesta, un sí, un no o una contestación neutra; no formules preguntas abiertas.

3. Haz solo preguntas sin importancia, en las que realmente te sea indiferente que la respuesta sea una u otra.

4. Una vez que hayas obtenido la respuesta, debes proceder siempre en consonancia con ella. Si tu yo superior te ha dicho que no cuando le has preguntado sobre comer un determinado postre, por ejemplo, no lo comas. No hagas excepciones. La finalidad de esta medida es que el período de práctica quede bien delimitado. Después de dicho período, puedes decidir no hacerle caso a tu yo superior, pero probablemente lo lamentarás.

5. No debes hacer preguntas importantes a menos que se trate de una excepción. Las excepciones son preguntas poco frecuentes que debes hacer porque no puedes esperar hasta el final de tu período de práctica. Si puedes posponer una

decisión hasta el final del período de práctica, hazlo. Por otro lado, no hagas preguntas si no estás dispuesto a proceder según la respuesta que recibas, sea la que sea.

6. Si no recibes una señal clara en respuesta a tu pregunta, abandona después de formularla dos veces; no lo hagas una tercera. (Cuando preguntamos varias veces, convertimos esa pregunta en importante).

7. No utilices ninguna herramienta de adivinación durante el período de práctica de cuarenta y cinco días; ni un péndulo, ni los test musculares, ni la kinesiología, etc.

Tu yo superior y el futuro

Tu yo superior no es un adivino ni puede decirte con precisión lo que hará otra persona. Lo que hará será aconsejarte sobre la base de todos los factores que te interesan, lo cual incluye información que no sabías que necesitabas tener pero que está relacionada con tu consulta.

Por lo tanto, no debes hacerle preguntas de tipo predictivo. No le preguntes, por ejemplo, si alguien tendrá un determinado comportamiento. En lugar de ello, sujétate siempre a este formato: «Yo superior, ¿es para mi mayor y mejor bien _____?» [rellena el espacio en blanco]. Te estás dirigiendo a tu asesor más confiable, quien sabe más sobre la realidad que tú y, además, se preocupa por todo lo que te importa. Esta es la razón por la que tu yo superior puede darte consejos contrarios a la lógica que, en definitiva, son los mejores que podrías recibir. Al utilizar siempre el formato *Yo superior, ¿es para mi mayor y mejor bien hacer esto?*, te asegurarás de que la identidad de la energía con la que estás hablando sea realmente tu yo superior. Si haces la misma pregunta sin dirigirte explícitamente a tu yo superior, es posible que, para tu sorpresa, no sea este el que responda.

El hecho de realizar la práctica del yo superior durante cuarenta y cinco días abrirá la puerta a una comunicación clara entre tú y él, lo cual posibilitará que todo lo que hagas sea más fácil y divertido. Es un verdadero punto de inflexión.* Ahora dispones de un método infalible. Cuando obtengas información intuitiva, o información directa de tu yo superior, puedes preguntar: «¿Es mi yo superior el que me está diciendo _____?» [rellena el espacio en blanco]. Solo tu yo superior puede responder que sí. Y cuando recibas información que no tenga sentido para ti, puedes preguntar si proviene de tu yo superior.

Más cuestiones sobre la práctica del yo superior

Ahora que conoces el protocolo del yo superior, puedes practicarlo en cualquier momento y todo el tiempo durante los próximos cuarenta y cinco días. Te recomiendo que hagas entre treinta y cuarenta preguntas al día como mínimo. Formula la última pregunta que podrías hacer, no la penúltima. Un ejemplo de última pregunta es: «¿Es para mi mayor y mejor bien llevarme el paraguas hoy?». La penúltima pregunta sería: «¿Lloverá?». Cuando preguntas por la lluvia, estás pidiendo una información sobre la cual tomar una decisión basándote en tu ego. En cambio, cuando preguntas sobre la decisión en sí, te estás remitiendo verdaderamente a tu yo superior. ¿*Necesitas* un paraguas? Tu ego quiere brindarte seguridad al clasificar las personas, las circunstancias y la información de manera que puedas decidir sobre ello, tanto si una verdadera experiencia justifica esta clasificación como si no.

Una alumna me escribió que tuvo dificultades con su conexión con el yo superior: «Empecé a hacer los ejercicios que

---

* Para más información, lee los capítulos cuatro y cinco de mi libro *Beyond the Flower of Life*.

ofreces en tu libro y no llegué a los cuarenta y cinco días reco-
mendados (creo que eran cuarenta y cinco días). No noté ningún
cambio ni ninguna comunicación por parte de mi yo superior, de
manera que me frustré y abandoné».

Esta fue la respuesta que le di:

Esto significa que no has entendido el sentido del ejercicio. Ante
todo, se trata de practicar sin preocuparse por el resultado. Si
estás observando la información y evaluándola, eso significa que
aún te «importa». Es como ir al campo de prácticas de golf con
una cesta llena de pelotas. Ignoras todos los golpes malos porque, después de todo, tienes muchas pelotas y te enfocas en las
que van adonde quieres. Estoy segura de que es «nuevo» para
ti practicar algo por el mero hecho de practicarlo y divertirte,
sin enfocarte en los progresos, pero esto es exactamente lo que
debes hacer. Estoy convencida de que si lo haces así te irá bien.

La alumna seguía diciendo: «Entonces, al entrar en la clase
estaba preocupada por mi conexión con el yo superior, y ahora
me preocupa no poder conectar con los registros akáshicos». A
lo cual respondí:

Querida, *todos* tenemos estas preocupaciones. Yo también. Cada
vez que abro los registros no estoy segura de que voy a ser un canal y un conducto de la luz preciso. Muchos artistas conocidos
han dicho abiertamente que tienen miedo escénico. ¡Mi opinión
es que esto es exactamente lo que nos hace buenos!, nuestra sincera humildad y nuestro deseo de servir (el deseo de ser útiles,
primero para nosotros mismos y luego para los demás). Lo que
importa es nuestra voluntad de «mostrarnos». Cuando empecé a leer para otras personas, estaba «segura» de que me estaba

inventando la información, hasta que los clientes se sorprendían o hacían comentarios del tipo «¿cómo has podido saber que tengo un yate?». Sé buena contigo misma, escribe toda la información que recibas y practica en beneficio de la práctica. No hay evaluación o juicio que valgan.

PASAR DE LA QUINTA DIMENSIÓN A LOS REGISTROS AKÁSHICOS

Una de las razones por las que recomiendo a todo el mundo que aprenda a conectar con su yo superior y practique dicha conexión es que esto nos sitúa en el ámbito natural de la conexión. Con el tiempo, te desplazarás automáticamente a la quinta dimensión primero y luego a la undécima para abrir los registros.

Sabemos que estamos en la 5D cuando no tenemos la necesidad de averiguar si algo es verdad porque *sabemos* que es acorde con Dios. La diferencia entre la creación inferior y la creación media es el libre albedrío. El libre albedrío no tiene que ver con la posibilidad de tomar decisiones, sino con contar con el permiso de efectuar elecciones que no sean acordes con Dios. En la 3D se nos permite elegir cualquier cosa en cualquier sentido, incluidas las opciones que no sean afines a Dios.

Cuando trabajamos con el yo superior y establecemos la conexión con él y luego vamos a los registros akáshicos, ubicados en la undécima dimensión, estamos totalmente fuera de la expresión de la polaridad. Esto asegura que seamos capaces de transferir datos precisos, en lugar de que los filtremos. Nuestra capacidad de transmitir exactamente la información procedente de los registros está mejor afinada que si partimos de nuestro yo de la 3D. Esta es la diferencia entre el trabajo con los registros akáshicos que estamos haciendo nosotros y el que se está haciendo en otros niveles en cualquier otro lugar.

Como canal de los registros akáshicos, recibes la información del momento. Esto puede ser difícil de entender en la 3D, donde puede ser que se encuentren tus pensamientos. Piensa en un traductor. La piedra de Rosetta sirvió para descifrar códigos porque contenía el mismo discurso en tres idiomas diferentes, lo que permitió a los lingüistas comprender jeroglíficos antiguos. Si tienes bien establecida la conexión con la 5D y luego te acercas a la undécima dimensión, donde están los registros, permites que los custodios de estos se expresen desde ahí, lo cual es ventajoso.

Señales de que estás en los registros akáshicos

Hay varios indicadores que puedes percibir y en los que puedes centrar la atención. Es posible discernir y definir muchos de ellos. Pueden ser sensaciones en el cuerpo físico. Tal vez sientas un pulso u otra sensación que sea notablemente consistente, pero que no experimentes en ningún otro momento. Estos indicadores te ayudan a reconocer y determinar que realmente estás en la zona akáshica. Son los siguientes:

- El efecto hamaca.
- Un sonido.
- Una sensación.
- Un pulso.
- Una presión.
- El lenguaje utilizado por la otra parte (por ejemplo, puede empezar a hablarte diciéndote «querido» o usando algún otro término cariñoso).

Cuando «abras» los registros con la oración sagrada, detente por un momento. Muchos estudiantes experimentan lo que llamo el *efecto hamaca*, un potente sentimiento de amor, ternura y bienestar. Te sentirás apreciado y valorado.

A continuación, permítete percibir lo que está ocurriendo en tu cuerpo. Es posible que oigas un sonido análogo al que se produce cuando una emisora de radio deja de sonar. Es difícil de definir, pero podrás reconocerlo si lo oyes. Algunos lo denominan ruido blanco; yo lo llamo el *sonido sin sonido*.

O puede ser que te encuentres con otro tipo de sensación. Una de las posibilidades es que sientas el pulso; algo similar a lo que experimentas cuando te pones tapones en los oídos e intentas oír el sonido de la sangre desplazándose por tu cuerpo o el latido de tu corazón. De nuevo, la sensación será sutil; aprende a prestar atención y a percibir que está ahí.

Otra posibilidad es que sientas una presión en el pecho que te ancle en el campo akáshico. La sensación es similar a la que puedes percibir cuando alguien empuja una almohada contra tu pecho. No es una presión dolorosa; es sutil, pero evidente.

También puede ser que sientas calor en la zona del corazón o que todo tu cuerpo se caliente y sude.

Todo el mundo percibe al menos una de las sensaciones que acabo de exponer. Cuando notes estos indicadores en el contexto de tu intención, tu conciencia aumentará y tu experiencia se ampliará. A medida que te enfoques en ellos, te será más fácil reconocerlos. El hecho de identificar y reconocer los indicadores te hará confiar más en que efectivamente te has conectado con los custodios de los registros akáshicos.

Al principio no te será muy fácil interpretar estas señales. Debes hacer una pausa después de abrir los registros y «detectar» el cambio, que es bastante sutil. Cuando te hayas acostumbrado a advertirlo perceptivamente, te será más fácil hacerlo en el futuro. Te puede ser útil recordar que no debes juzgarte dentro de la práctica; solo has de hacerla regularmente, e incluso esto debes abordarlo como una elección, que tiene que ser amorosa.

Ejercicio 5.2

PREGUNTAS PARA TU YO SUPERIOR Y LOS REGISTROS AKÁSHICOS

Estamos preparados para formular más preguntas, como práctica, en esta ronda; primero le preguntarás a tu yo superior y después a tus registros. No te preocupes por no haber desarrollado todavía tu conexión con el yo superior; mejorará a su debido tiempo. Mientras tanto, puedes seguir trabajando con tu yo superior y tus registros akáshicos de todos modos. Estarás fortaleciendo tanto tu conexión con tu yo superior de la quinta dimensión como tu conexión con los registros de la undécima.

Empecemos con las siguientes preguntas. Hazlas primero a tu yo superior; escríbelas en tu diario, junto con las respuestas. Luego, abre los registros y haz las mismas preguntas a tus custodios de los registros; de nuevo, escribe la pregunta completa, seguida de la respuesta completa (asegúrate de seguir el protocolo de los registros akáshicos que figura en el capítulo cuatro).

- ¿Cuál es el significado de *por qué*?
- ¿Cuál es el significado de *maravilla*?
- ¿Cómo puedo permanecer en el gozo?
- Ahora, piensa en una persona desconocida con la que te hayas encontrado recientemente y pregunta: «¿Qué es lo más importante que puedo aprender de esta persona?».

- Ahora, nombra otro hecho interesante o difícil que haya ocurrido dentro de la última semana o recientemente y pregunta: «¿Qué puedo saber sobre este suceso?».
- Ahora, elige una experiencia o un evento divertido que haya ocurrido dentro de la última semana o recientemente y pregunta: «¿Qué puedo saber sobre este suceso?».

Tal vez te sientas inseguro y, posiblemente, nervioso. Es normal. Escribe de todos modos. No te preocupes por si tus respuestas son lo bastante buenas. En lugar de ello, escribe lo que recibas y hazlo de forma espontánea, aunque las palabras acudan espaciadas. Es posible que tu ego y tu miedo traten de controlarte o que haya entidades que intenten darte respuestas. Escribir es importante y una vez que empieces a anotar lo que venga a ti, te resultará cada vez más fácil.

Recuerda también que el sentimiento y la experiencia de la información transmitida por el yo superior son muy rápidos, mientras que cuando nos encontramos en los registros akáshicos debemos *solicitar* la información, la cual puede presentarse de forma rápida, lenta o palabra por palabra. Es posible que te resulte más fácil hacerle las preguntas a tu yo superior un día y al día siguiente abrir los registros y hacer de nuevo las mismas preguntas. Esto puede ser muy útil, porque impedirá que puedas sentir que la información de una fuente rezuma en la siguiente.

Escribe tus respuestas y después compáralas con las de muestra de la tabla 5.1, obtenidas por otros estudiantes.

Tabla 5.1. Ejemplos de respuestas

PREGUNTAS	YO SUPERIOR	CUSTODIOS DE LOS REGISTROS
¿Cuál es el significado de *por qué*?	*¿Por qué?* es la pregunta universal formulada para ayudar a entender el comportamiento humano. A menudo se emplea para juzgar un comportamiento como bueno o malo, como cuando uno considera que la razón por la que llegó tarde a un lugar fue que se durmió en un atasco de tráfico.	Te decimos que las personas que están experimentando la tercera dimensión quieren saber las razones que hay tras los sucesos que acontecen. Cuando las vibraciones aumentan, el hecho de *saber* sustituye a la pregunta *¿por qué?*
¿Cuál es el significado de *por qué*?	*¿Por qué?* es la llave que abre el paso a la luz y la información. Es una manera de preguntar sobre el significado y las causas de las cosas.	¿Es importante el porqué? *¿Por qué?* es el significado de todo lo que no podéis desentrañar en la actualidad pero que está bien; no hay que preocuparse al respecto. *¿Por qué?* es lo contrario de entender; una vez que contáis con la comprensión sabéis el porqué.
¿Cuál es el significado de *maravilla*?	*Maravilla* es tratar de entender cuál es la causa de algo o el significado de un suceso o misterio.	*Maravilla* es la experiencia de valoración de todo lo que existe. Está conectada con la gratitud y el gozo y debe formar parte de vuestra vida diaria.
¿Cuál es el significado de *maravilla*?	Intentar comprender. Percibir y pensar cómo es posible y, a la vez, tratar de averiguarlo. Observación inteligente sin ideas preconcebidas. *Maravilla* es experimentar todo el significado y el gozo de la vida. Cuando el corazón se siente ligero y bien.	Os maravilláis y podéis sentir felicidad. (Esto se debe a que permanecéis en un estado de asombro ante el universo). La acción de fuerzas invisibles. La maravilla es una forma de percibir vuestra situación actual. La maravilla es vuestra respuesta a algo diferente.

PREGUNTAS	YO SUPERIOR	CUSTODIOS DE LOS REGISTROS
¿Cómo puedo permanecer en el gozo?	Sigue encontrando maneras de ver lo bueno en todo lo que te rodea. A veces las expectativas provocan decepciones, y permites que eso te retenga.	Se trata de que seas consciente de todo lo que tienes alrededor. ¿Cómo podrías no vivir en el gozo si utilizas todos tus sentidos para disfrutar todo lo que te rodea? La pintura [que practicas] te aportará cierto gozo personal.
¿Cómo puedo permanecer en el gozo?	Permanece en el momento presente. Conecta con el corazón y quédate en la luz. Date cuenta de que echas un vistazo y permanece presente. Haz aquello que te complace.	Deja que tu corazón baile; no tengas miedo y no te caerás. *Eliges* hacerlo. Permites el *ahora* presente. Permanece en paz y descansa.
¿Qué es lo más importante que puedo aprender de esa persona desconocida que me he encontrado recientemente?	Tus nuevos vecinos no hablan tu lengua y a ti te habría gustado conversar con ellos. Aun así te sonrieron y te saludaron con la mano.	Aunque no os pudisteis comunicar verbalmente, la comunicación tuvo lugar de todos modos. La amabilidad es relevante. Comprendieron el tono de tu voz y los gestos que hiciste.
¿Qué puedo saber sobre ese suceso interesante o difícil que ha tenido lugar recientemente?	Es una prueba para ti, para que muestres paciencia y compasión.	Te decimos que este suceso será muy difícil para tu ser amado. Podrás ayudarlo conservando la alegría y con una disposición positiva. Los viejos patrones de la brusquedad y la impaciencia no ayudarán.
¿Qué puedo saber sobre ese suceso divertido que ha tenido lugar recientemente?	Sigue trabajando en tus habilidades como pintora.	Tu arte te brindará mucho placer y también lo aportará a los demás. Asegúrate de dedicar un tiempo cada día a pintar.

En las dos últimas respuestas, observa que los custodios de los registros se dirigen a la persona que pregunta utilizando la segunda persona (dicen, por ejemplo: «Tu arte...»). Otra forma de detectar que están hablando los custodios de los registros es el uso de una voz grupal: «Te decimos...».

Cuando le dices a tu yo superior «me gustaría saber qué está sucediendo» o «me gustaría saber por qué ha ocurrido esto», abres la puerta a recibir la totalidad de la información. Cuando solo preguntas *por qué* ha ocurrido algo, tu ego puede compartimentar la respuesta. Las preguntas que empiezan con *por qué* solo pretenden satisfacer al ego y a la mente. En cambio, cuando manifestamos que nos gustaría saber algo, estamos formulando una pregunta abierta, lo cual constituye una invitación para que los custodios de los registros nos proporcionen información y comprensión.

Sigue a continuación otro conjunto de respuestas a las preguntas anteriores, ofrecidas por los custodios de los registros a otro estudiante.

¿Cuál es el significado de por qué?

Cuando una niña pequeña le pregunta a su papá por qué sopla el viento, ¿qué dice él? ¿Le responde usando un vocabulario técnico, complejo? ¿Le dice algo poético que suene bien? ¿O le dice algo para hacerla sonreír? Depende de a quién le preguntes.

¿Cuál es el significado de maravilla?

La maravilla solo puede experimentarse. No es posible describirla con palabras, porque la mente la distorsiona. Pero, en general, la maravilla es algo que está más allá de lo que puede explicarse. La razón por la que dejas de experimentar la maravilla es que dejas de ser consciente de la totalidad de la existencia.

¡Hay demasiadas cosas! No estás usando lo suficiente el cerebro y las partes que sí estás usando están mal conectadas. La maravilla también se puede ver como un determinado *contexto de la realidad* que puede o no estar disponible en un momento dado.

¿Cómo puedo permanecer en el gozo?

Encuentra tu ritmo y tu forma de avanzar. Busca las actividades, las pasiones y los intereses que te hacen feliz y asegúrate de dedicarles algo de tiempo una vez al día.

¿Qué es lo más importante que puedo aprender de esa persona desconocida que me he encontrado recientemente?

Que soy un chico increíble. *[Date cuenta de que la respuesta es en primera persona. Esto es indicativo de que la ofreció una entidad o el ego. Los custodios de los registros habrían dicho «eres un chico increíble»].*

¿Qué puedo saber sobre ese suceso divertido que ha tenido lugar recientemente?

Que puedes pasarlo bien en cualquier lugar.

¿Qué puedo saber sobre ese suceso interesante o difícil que ha tenido lugar recientemente? (Mi abuela está en el hospital).

Se pondrá bien.

Observa que los custodios y guías se dirigen a este estudiante utilizando la segunda persona, excepto en un caso, en que se utiliza la primera persona. Cuando ocurre esto, está claro que no son los custodios de los registros los que se han manifestado.

¡PRACTICA, PRACTICA, PRACTICA!

Como ocurre con todas las habilidades, cuanto más practiques la comunicación con los registros akáshicos, mejor se te dará. Puede ser que te resulte fácil o es posible que debas trabajar en ello. En cualquier caso, organízate para abrir tus registros al menos tres veces a la semana, para alcanzar el máximo dominio. Tal vez estés nervioso, pero puedes relajarte al saber que todos los principiantes lo están. Puedes usar tus herramientas, como el *mudra* secreto que aprendiste en el capítulo cuatro. Observa también los indicadores mencionados anteriormente y permite que te orienten en cuanto a tu conexión.

Los custodios de los registros dicen «practica, aprende y escucha» para reemplazar esta otra instrucción tan utilizada: «practica, practica, practica». El tiempo que dediques a la práctica con tu yo superior o en los registros te aportará muchas gratificaciones. En caso de que lleves ya mucho tiempo trabajando con tu yo superior, te será muy fácil comunicarte con él; en cualquier caso, acuérdate de dirigirte a él por su nombre: «Yo superior, ¿cuál es el significado de *por qué*?». Por otra parte, a veces te pondrás a practicar sabiendo que no tienes suficiente tiempo. Esto puede deberse al miedo al fracaso; empezar a practicar sin disponer del tiempo adecuado supone someterte a una presión inapropiada. Asegúrate de poder dedicar entre veinte y treinta minutos diarios a estar en los registros y te será fácil mantener viva tu práctica.

Si estás leyendo este libro pero no estás practicando lo que en él se indica, debes saber que la dilación es una de las formas que adopta la duda. Incluso si crees que tienes cosas más importantes que hacer o que empezarás a practicar cuando hayas terminado de leer el libro, plantéate determinar el momento en el que vas a comenzar. Así como en el caso del ejercicio físico es mejor efectuar pequeños incrementos que abordar una sesión larga, tu esfuerzo mejorará cada vez que entres en los registros.

Ejercicio 5.3

MÁS PREGUNTAS PARA EL YO SUPERIOR Y LOS CUSTODIOS DE LOS REGISTROS

* ¿Qué es aquello en lo que es más importante que trabaje ahora?
* ¿Cuál es mi misión?
* ¿Qué puedo saber acerca de este otro suceso interesante que viví?

La siguiente muestra de respuestas tiene por objeto orientarte con respecto a la manera en la que estas pueden acudir y a la distinta forma de comunicarse que tienen los custodios de los registros y el yo superior.

Tabla 5.2. Muestra de respuestas

PREGUNTA	YO SUPERIOR	CUSTODIOS DE LOS REGISTROS
¿Qué es aquello en lo que es más importante que trabaje ahora?	Sigue con tu camino espiritual.	Queremos que estés abierto a más información que es relevante para tu camino espiritual. Sigue explorando y sopesando las ideas que acudan a ti.

PREGUNTA	YO SUPERIOR	CUSTODIOS DE LOS REGISTROS
¿Cuál es mi misión?	Ayudar a otros en su camino espiritual.	Tu camino incluirá la adquisición de nuevas habilidades para ayudarte a atender a otras personas que están siguiendo su propia senda espiritual. Sé paciente, porque hay mucho trabajo por realizar. De cualquier modo, lo disfrutarás.
¿Qué puedo saber acerca de este otro suceso interesante que viví?	Echas de menos a la familia tras su muerte. Ese suceso ofreció respuestas a tu curiosidad sobre algunos temas.	Tus seres queridos se alegraron de tener una oportunidad de conectar contigo. Les resulta difícil hablarte. A medida que vayas subiendo tu vibración, tus experiencias aumentarán y te serán más útiles.

LA VOZ DE LOS CUSTODIOS DE LOS REGISTROS FRENTE A LA PROPIA VOZ INTERIOR

Los custodios y los guías son increíblemente cariñosos y pacientes. Siempre se referirán a tus esfuerzos en la vida como *experiencias*. En cambio, es probable que tu voz (crítica) interior denomine *lecciones* a estas mismas experiencias. Percibe la energía asociada a la palabra *lecciones*: implican el karma en acción; un hecho correctivo o reparador. Los custodios de los registros dicen: «No hay lecciones desde nuestro punto de vista. Todo son oportunidades». Date cuenta de estos detalles cuando estés trabajando con los registros.

CURIOSIDAD INTENCIONADA

Qué preguntar y cómo preguntarlo

A estas alturas, es posible que empieces a tener más claro por qué los registros akáshicos se han puesto a disposición de la humanidad. Ahora te toca a ti descubrir cuáles son los principales objetivos por los que quieres abrirlos. Podrías escribir sobre esta cuestión en tu diario antes de seguir leyendo.

Para tus propios propósitos, es conveniente que empieces por comprender cómo hacer preguntas y formular tus consultas. Aunque en los registros no existe la noción de lo correcto frente a lo incorrecto, es útil que tengas una idea de lo que puedes hacer cuando quieras entender o saber más. A veces obtendrás respuestas que no tendrán sentido para ti y querrás una mayor claridad. Independientemente de lo que respondan, los custodios de los registros siempre están dispuestos a profundizar más contigo, si tú estás dispuesto a profundizar más con ellos.

Los registros akáshicos son ricos y están cambiando constantemente. Esto se debe a que los humanos siempre están cambiando, *la vida* siempre está cambiando. Esto significa que incluso hacer la misma pregunta una y otra vez dará lugar a nueva información. Hacer hoy la pregunta que se hizo ayer producirá nuevos resultados porque las personas, los lugares, las circunstancias y otros factores pueden haber cambiado de maneras imprevistas. Contrariamente a lo que creen algunos, el futuro es desconocido. La razón de ello es el libre albedrío; las experiencias de hoy inciden en el mañana y lo cambian. También hay, ciertamente, contratos, misiones y probabilidades. Todo ello tiene su papel en el escenario de la vida.

La creación está abierta, lo cual implica que el conocimiento engendra una acción. Es decir, cuando descubrimos o comprendemos algo dentro de los registros, eso nos cambia a nosotros y cambia el resultado. Pasamos a ser responsables de ese conocimiento. Piensa en la mujer a la que le dijeron que su compañero de piso iba a irse. Cuando expresó su indignación por el comportamiento del hombre, en el momento en que ocurrió, ya sabía por medio de los registros que todo acabaría bien y, por lo tanto, su irritación se mitigó. Al mismo tiempo, los mismos custodios de los registros no controlan el resultado. Incluso cuando sabemos las consecuencias de nuestros actos, puede ser que las ignoremos, lo cual cambia el resultado.

Ejercicio 6.1

PREGUNTAS PARA HACER EN LOS REGISTROS

Podrías empezar con los aspectos relativos al desarrollo humano (el crecimiento personal) y luego pasar a patrones que aparezcan constantemente, en relación con los cuales puedas obtener una mayor comprensión. Aquí tienes algunas ideas:

- Custodios y guías de los registros, ¿por qué _____? *[rellena el espacio en blanco con algo que ocurrió]*.
- Custodios y guías de los registros, ¿qué puedo saber sobre _____? *[rellena el espacio en blanco]*.
- Custodios y guías de los registros, ¿qué queréis decir con la palabra _____? *[añade la palabra en cuestión]*.
- Custodios y guías, ¿podéis darme otro ejemplo de lo que significa esto?
- Custodios y guías, ayudadme a obtener mayor claridad en relación con _____ *[rellena el espacio en blanco]*.
- Custodios y guías, ¿cómo puedo obtener más _____? *[rellena el espacio en blanco]*.
- Custodios y guías de los registros, ¿por qué _____? *[rellena el espacio en blanco con un comportamiento que tengas]*.
- Custodios y guías de los registros, ¿cómo puedo _____? *[rellena el espacio en blanco]*.
- Custodios y guías de los registros, ¿cómo puedo hacer mejores preguntas sobre _____? *[rellena el espacio en blanco]*.
- Custodios y guías de los registros, ¿hay alguna otra forma de resolver _____? *[rellena el espacio en blanco]*.

Como puedes ver, las posibilidades no dejan de expandirse y aumentar. Las respuestas que recibas te ayudarán a saber qué otras cuestiones necesitas explorar. El tiempo que pases en los registros akáshicos estará bien empleado. A medida que desarrolles tu voluntad de examinarte a ti mismo y de explorar tus motivaciones y sentimientos, tus custodios y guías te serán tan familiares como tu mejor amigo. Los sentimientos que tienes respecto a algo son una forma en la que puedes saber lo que es correcto o incorrecto para ti.

Ejercicio 6.2

PREGUNTAS PARA LOS CUSTODIOS DE LOS REGISTROS

Puedes practicar usando esta lista, más larga que la anterior. Elige las preguntas que te interesen, lo cual incrementará las probabilidades de que entres en los registros. ¿Recuerdas la historia del comienzo del libro, en la que una de nuestras guías certificadas hizo la misma pregunta una y otra vez durante un mes? Tú puedes hacer lo mismo. Descubrirás que cuanto más preguntes, más se te revelará. Encontrarás que tu propia aceptación crecerá y se expandirá, y descubrirás que estás verdaderamente facultado para amarte a ti mismo y amar a los demás, sea lo que sea lo que ocurra.

- ¿Qué está ocurriendo con el karma?
- ¿Cuál es la utilidad de las emociones?
- ¿Por qué los espíritus quieren encarnar aquí en estos momentos?
- ¿Por qué tantos espíritus eligen partir en estos momentos?
- ¿Qué pueden decirnos los maestros, los instructores y los custodios de los registros sobre los desastres mundiales?
- ¿Cuáles son mis tesoros?
- ¿Cómo puedo utilizarlos mejor?
- ¿Qué miedos tengo?
- ¿Qué debo aprender de esto? ¿Hay algo más que deba saber?
- ¿Qué puedo hacer para sanarme?
- ¿Estoy viviendo en el lugar ideal para los próximos seis meses o el próximo ciclo temporal?
- ¿Qué sistemas de creencias necesito soltar?
- ¿Qué me apasiona?
- Definid mi integridad.

- ¿Qué podéis decirme sobre esta decepción que acabo de tener?
- ¿Qué comida o bebida se interpone en el camino de mi evolución?
- ¿Qué puedo saber sobre esta persona o situación que me vaya a ser útil?
- ¿Qué creencia me está limitando en lo que respecta a _____? *[rellena el espacio en blanco]*.
- ¿Cuál es el propósito de mi alma?
- ¿Es lo más beneficioso para mí seguir trabajando en los registros akáshicos?
- ¿Es lo más beneficioso para mí aprender a leer los registros para otras personas?

Presento a continuación algunas respuestas recibidas por una alumna, Betty Labbate, que actualmente es guía e instructora de ARI certificada, lo cual logró tras asistir un año al Ascension Institute.

¿Qué está ocurriendo con el karma?

El karma ha terminado. Ya no tenéis ninguna necesidad de recurrir a la culpa. En la quinta dimensión podéis superar cualquier situación diciendo: «El pasado ya pasó y desapareció. He terminado con el pasado. ¡El futuro comienza ahora!». Soltad lo que tengáis que soltar y seguid adelante.

¿Por qué los espíritus quieren encarnar aquí en estos momentos?

Todos los espíritus están dispuestos a ayudar. La tarea de llevar a todo el mundo a la 5D es ingente. Pide ayuda para contribuir con ella. Aportarán mucha luz, amor, nuevas percepciones y posibilidades. Traen un marco y unas ideas muy necesarios para ayudar a soltar los viejos. Estáis muy acostumbrados a la vieja estructura, y la nueva es muy diferente. ¡No tengas miedo! El miedo bloquea el proceso. Limítate a disfrutar de lo nuevo y diviértete viendo cómo los demás se sorprenden contigo y con tus actos.

¿Por qué tantos espíritus eligen partir en estos momentos?

Los marcos temporales de algunos espíritus han terminado, y han cumplido su papel. Al acabar su trabajo, regresan al reino superior para que les den un nuevo cometido. Esta es la razón por la que algunos espíritus se van en estos momentos. Dales las gracias por su ayuda y mándales buenos deseos para su próxima misión amorosa.

¿Qué pueden decirnos los maestros, los instructores y los custodios de los registros sobre los desastres mundiales?

Muchas personas, espíritus y entidades vienen a este planeta con un propósito específico. Una vez que lo han cumplido, se van. Muchos de estos seres han venido aquí como tus hermanos, hermanas y amigos. Cumplen ese rol o propósito y se marchan. Es posible que no supieras esto en el momento de su partida. Los desastres que hay en todo el mundo son la esencia de la energía positiva utilizada para reconstruir la Tierra y sacar a la luz ese amor profundamente enterrado de los unos hacia los otros y hacia todas las cosas de este mundo. Las personas que se van debido a los desastres saben que han hecho su parte por ahora. Algunas volverán a terminar su propósito en un momento posterior. Pero la mayoría saben, al irse, que han impreso en ti y en los demás lo que necesitáis para seguir adelante y cumplir vuestra misión. Los desastres abren la puerta a nuevos significados, metodologías, revelaciones y conocimientos que se deben sembrar, implantar o implementar en estos momentos.

¿Cuáles son mis tesoros?

Te hemos dado muchos tesoros: profesores, una familia, amor, abundancia, un propósito... Te tenemos en la más alta consideración; debes saber que todo lo que necesites, todos tus tesoros, te serán proporcionados tal como te los hemos estado proporcionando desde que empezaste tu andadura en este planeta.

¿Cómo puedo utilizarlos mejor?

En primer lugar, identifica el tesoro o los tesoros que te gustaría utilizar. Se te ha concedido tu deseo de estudiar con los mejores y en el ámbito de los nuevos conocimientos. Pide lo que desees. Estamos trabajando para darte todo lo que necesitas. Siente nuestro amor; ¡sal y contribuye a este mundo!

¿A qué le tengo miedo?

Tienes miedo a muchas cosas. Pero debes saber que todo es posible a través de nosotros. Nunca te hemos dejado sin un centavo, uno de tus miedos. Te hemos proporcionado mucha sabiduría esotérica y la contenida en libros. No hay necesidad de enumerar tus miedos. Solo debes saber que cuando identifiques uno, puedes decir: «Ese miedo ya no existe; hoy es un nuevo día y estoy recibiendo todo lo que necesito». Formula tres veces esta declaración.

¿Qué debo aprender de esto? ¿Hay algo más que deba saber?

Puedes enumerar muchas cosas que te dan miedo, pero también necesitas liberarte de un miedo ancestral que sigue presentándose. Tus antepasados asumieron muchos riesgos para venir a este país y sufrieron muchas pérdidas. Debes borrar este miedo. Hazlo por ellos. ¡Ya está hecho!

¿Qué puedo hacer para sanarme?
Ya está hecho. *[Ver punto anterior].*

¿Estoy viviendo en el lugar ideal para los próximos seis meses o el próximo ciclo temporal?
Sí, por ahora. Pero tu futuro muestra que viajarás a otras partes e impartirás enseñanzas, de forma similar a como lo haces ahora, pero en un marco laboral distinto. Te trasladarás a un reino diferente de la divinidad y enseñarás a adolescentes y jóvenes de veintitantos años sobre el significado del amor incondicional y la audacia. Te equiparemos con todos los materiales que necesites. Estás recibiendo todo el apoyo. Obtendrás más información sobre esto más adelante.

¿Qué sistemas de creencias necesito soltar?
La creencia de que el sistema actual es verdadero. No ves lo que está sucediendo entre bastidores en este mundo. Te conformas demasiado con creer lo que quieren que creas. Pregúntanos a nosotros o consulta con tu yo superior si no estás seguro de una verdad. Siente más la energía que está presente en un momento dado. Y cuando dudes, pregunta, como has hecho al ejercitarte en la comunicación con tu yo superior. Siempre contarás con nuestro apoyo para discernir la verdad.

¿Qué me apasiona?
Aprender, sanar, amar, apoyar. Te estamos brindando oportunidades para que aprendas y compartas. Sigue creciendo. ¡Estamos aquí para apoyarte!

¿Es lo más beneficioso para mí seguir
trabajando en los registros akáshicos?

Hace mucho tiempo que estás trabajando en los registros y nos sentimos honrados de considerarte nuestra compañera. Estuviste en los registros en tu infancia, pero menos en tu adolescencia y en la veintena. Nos complació mucho que regresases en la treintena y que estés con nosotros ahora. Sabemos que se te dará bien compartir el conocimiento que recibas por parte de los registros (garantizando la privacidad y la dignidad de todos los implicados).

¿Es lo más beneficioso para mí aprender a
leer los registros para otras personas?

¡Oh, sí!

En las páginas siguientes encontrarás una tabla con algunos ejemplos más de respuestas a algunas de las preguntas expuestas.

Tabla 6.1. Respuestas de muestra

PREGUNTAS	RESPUESTAS DEL YO SUPERIOR	RESPUESTAS DE LOS CUSTODIOS DE LOS REGISTROS
¿Cuáles son mis tesoros?	Tus tesoros van cambiando a medida que vas creciendo a lo largo de tu vida. Los verdaderos tesoros son los talentos que desarrollas y valoras, y otros tesoros son los regalos de aprendizaje que recibes por parte de personas con las que te encuentras e interactúas. Las lecciones que aprendes son los tesoros más valiosos.	Eres un hombre muy compasivo; tu amor es profundo, lo entiendes, eres capaz de ser y sentir amor, y sabes lo que se siente cuando se experimenta el amor profundo. Esto te ha sido canalizado durante múltiples vidas. Te animamos a que dediques más tiempo cada día a oler las rosas. Siente el amor como tu forma natural de ser; así es como floreces al máximo. Es fácil mirar alrededor y quedar atrapado en los dramas de la vida. Te pedimos que permitas que la vida se despliegue como elija hacerlo. Te pedimos que seas concreto en tus elecciones, pues esto te aportará grandes beneficios. Te encuentras en una encrucijada y ninguna elección es buena o mala. A partir de tus deseos internos, para que puedas tener una mayor incidencia en el mundo te pedimos que mantengas esta visión en tu mente. Suelta el cómo y el aspecto del cómo; en lugar de ello, quédate con las vibraciones, los sentimientos, la esencia. Serás guiado; cuentas con apoyo. Eres profundamente amado y valorado. Eres profundamente amado. Estamos siempre contigo.

PREGUNTAS	RESPUESTAS DEL YO SUPERIOR	RESPUESTAS DE LOS CUSTODIOS DE LOS REGISTROS
¿Cómo puedo utilizarlos mejor?	Cuando alguien siente pasión en relación con un talento (en tu caso es la fotografía), la energía positiva emitida es absorbida por todos quienes están alrededor. Deberías desarrollar más las habilidades vinculadas a tu pasión. Las lecciones aprendidas pueden reconocerse para que estén realmente aprendidas, y pueden regir el comportamiento futuro.	Aprende a crear a partir de tu deseo, expande la luz presente en tu interior, permite que toque a los demás y predica con el ejemplo.

PREGUNTAS	RESPUESTAS DEL YO SUPERIOR	RESPUESTAS DE LOS CUSTODIOS DE LOS REGISTROS
¿A qué le tengo miedo?	Tienes miedo de la soledad. Desde que una de tus hijas murió y la otra vive tan lejos de ti, no te resulta fácil sentir la sensación de familia, que ha sido tan importante para ti. Temes no poder compartir tu nuevo aprendizaje con tu actual compañero, y sería divertido que pudieses hacerlo.	¿Qué podemos decir sobre tus miedos? Para empezar, te decimos que es mejor que no te apropies de ellos, como haces por ejemplo cuando los llamas «mis miedos». Estos sentimientos de inquietud e incertidumbre que has estado sintiendo corresponden más bien a la vibración de la conciencia de masas, que se basa en las preocupaciones humanas relativas al dinero, el sistema legal, contar con seguridad económica, tener un techo sobre la cabeza al envejecer, etc. Por supuesto, con tus sesenta y cinco años te has visto muy expuesta a estos conceptos relativos a la supervivencia física en términos humanos. Y vemos y percibimos que ya has iniciado el proceso de superar muchos de estos conceptos. Sin embargo, queda trabajo por hacer. Parte de él lo realizarás en el nivel celular profundo por medio de tu modalidad especial de sanación, mientras que habrá temores que desaparecerán cuando lidies con las entidades de miedo que han conectado contigo en momentos en los que te has sentido muy vulnerable y carente de poder dentro de la dinámica de las alianzas empresariales. Así que ten paciencia, querida; estás siendo guiada y todo será limpiado y transmutado. [Nota: Más adelante, esta mujer se hizo guía certificada, resolvió felizmente todos sus asuntos y compró la casa de sus sueños, junto a la playa].
¿Qué debo aprender de esto?	Disfruta el tiempo que pases en familia. Muchos de tus amigos son como familia. Disfruta su compañía.	

PREGUNTAS	RESPUESTAS DEL YO SUPERIOR	RESPUESTAS DE LOS CUSTODIOS DE LOS REGISTROS
¿Qué puedo hacer para sanarme?	Sigue con tu proceso de aprendizaje. Tus habilidades están acudiendo. Sé paciente. Dedica más tiempo a meditar; esto te ayudará a relajarte.	
¿Qué sistemas de creencias necesito soltar?	Limítate a amar. Ámate a ti mismo, ama a los desconocidos; ama a todas las personas con las que te encuentres cada día. Estás en el buen camino.	

En las respuestas de la tabla 6.1, los custodios de los registros de una persona le recuerdan que nuestra matriz energética *cambia* cuando «olemos las rosas». Es más importante que mantengamos nuestra vibración de alegría y satisfacción espiritual en lugar de que nos preocupemos por el cómo o el porqué.

En otra respuesta reflejada en la misma tabla, los custodios y los guías le dijeron a otra persona que estaba canalizando los *miedos de la conciencia de masas* además de experimentar los suyos propios. Esto es fabuloso; muchos individuos están limpiando emociones en favor de los humanos de todo el planeta de esta manera. También le dijeron que no mencionara sus miedos como «suyos». Este es un mensaje muy potente y no es la única a la que le han dicho esto. Se está recordando a miles de personas que los portadores de la luz están sanando el planeta porque pueden hacerlo. Algunas veces, *tú* puedes ser quien está llevando el peso del mundo, el cual es alimentado por las fuerzas que retienen a la gente. Puedes pedir ayuda a tus ángeles y guías. Tómate en serio este mensaje y pide ayuda.

¿Puedes empezar a ver que los custodios de los registros usan un lenguaje más formal y que su tono es amoroso, generoso y expansivo?

Uno de los mensajes importantes que quiero que retengan todos mis alumnos es que las circunstancias que ocurren que no tienen sentido pero que les hacen sentir miedo provienen, generalmente, de la conciencia de masas. ¿Qué debes hacer una vez que eres consciente de esto? Te aconsejo que mires al «miedo» a los ojos y lo reconozcas. Puedes decir, por ejemplo: «estoy experimentando esta emoción» (no: «tengo este miedo») y, a continuación, lo siguiente: «pero no tienes poder; soy mucho más poderoso que tú. Soy más poderoso que el miedo que se está moviendo en mí y quiero saber qué hay detrás de él». En ocasiones, el miedo tiene como base algo pequeño similar a un comportamiento o experiencia propios. A veces descubrirás que tienes miedo de hablar y tendrás que aclararte la garganta o esta te dolerá.

El miedo puede estar relacionado con la falta de congruencia, con el hecho de creer una cosa pero tener un comportamiento que difiera de esa creencia. Esta falta de correspondencia entre tus pensamientos y tus actos afectará a tu trabajo en los registros akáshicos y también tendrá un impacto en tu vida. Tienes un modelo de comportamiento que crees que es el apropiado, pero si te encuentras en una situación embarazosa o difícil, puedes elegir comportarte de una forma que difiera de tu ideal (quieres perder peso, pero sigues comiendo dónuts). Probablemente te sentirás arrepentido más adelante, pero si no te das cuenta de que tu comportamiento no está alineado con tus creencias y deseos, puedes obsesionarte con el tema y experimentar miedo.

Respuestas de los custodios de los registros sobre las emociones

En una de mis clases, les pedí a los alumnos que escribieran: «Guías y custodios de los registros, ¿cuál es la utilidad de las emociones?». Estas son algunas de las respuestas que recibieron:

- La gente usa las emociones para expresar reacciones a sucesos o circunstancias.
- Hacen de ventanas del alma.
- Las emociones a menudo aparecen como depósitos o almacenes basados en valores predeterminados de la conciencia de masas que pueden no tener que ver contigo o con tus propias experiencias emocionales.
- Las emociones etiquetan información y permiten el movimiento de la energía y la información.
- Sirven para regular los sentimientos de lo deseado y lo no deseado, lo justificado y lo injustificado, y para ayudaros a encontrar la forma de salir de los atolladeros.
- Usa tus emociones para ser un ser humano. Esta es la manera de proceder durante la estancia en la Tierra.
- A veces, siente tus sentimientos, pero otras veces escucha objetivamente. Aprenderás cómo y cuándo hacer una cosa o la otra. Solo se necesita práctica; la práctica es clave.
- Conectar con otras personas o comprenderlas.
- Las emociones sirven para que sintáis el dolor y la felicidad pasados, presentes y futuros.

Ejercicio 6.3

PREGUNTAS MÁS PROFUNDAS

Ahora estás preparado para indagar más profundamente sobre ti y sobre el significado de la vida. Aquí tienes una lista de posibles preguntas:

* Custodios y guías de los registros, ¿por qué se pusieron los registros akáshicos a disposición de toda la humanidad?
* Custodios y guías de los registros, ¿qué puedo saber sobre la próxima decisión empresarial que debo tomar?
* Custodios y guías de los registros, ¿qué puedo saber sobre mis empleados o compañeros de trabajo?
* Custodios y guías de los registros, ¿quiénes son mis maestros y mis guías?
* Custodios y guías de los registros, ¿qué puedo saber sobre _____? *[rellena el espacio en blanco con alguna cuestión relativa a tus relaciones interpersonales, algún miembro de tu familia, etc.].*

UNA VERDAD COMPARATIVA EN LOS REGISTROS AKÁSHICOS

La conciencia de masas tiene una versión de la verdad que implica polaridad. Esto apoya la conciencia de la polaridad y fomenta la idea de que si hay verdad, debe haber falsedad. En los registros akáshicos, no existe lo verdadero como opuesto a lo falso. Quiero que entiendas bien esto. Donde no hay polaridad, no hay verdad. La verdad es subjetiva. Puede haber una verdad en el momento, pero el conocimiento cambia las cosas. En la 5D no existe la mentira. Cuando pronunciamos la oración de apertura, pedimos estar rodeados por la verdad y la integridad, de modo que cuando nos desplacemos desde la parte más alta de la 3D, desde la que podemos despegar, podamos montar el arcoíris hasta los registros akáshicos. Desde la 5D hacia arriba, no se nos ocurre nada que no «resuene con Dios». Desde este punto de vista no hay verdad, porque tampoco hay ausencia de verdad. En la 11D, la de la creación superior, esta realidad es aún más pronunciada.

En relación con un determinado asunto, date cuenta de si empleas palabras o ideas enjuiciadoras, y opta por otra manera de expresar la información sin acudir a términos polarizadores como la *verdad*; aléjate de la ambigüedad asociada a este término. Como ejercicio, un grupo de estudiantes entró en los registros para obtener más información sobre la verdad; preguntaron: «¿Qué puedo saber sobre la palabra *verdad*?». Primero responde esta pregunta tú mismo; luego lee las respuestas que recibieron esas alumnas:

«Custodios y guías de los registros, ¿qué puedo saber sobre la palabra *verdad*?»

MONA: La verdad no significa nada en sí misma. La verdad es la alineación con Dios. Es la claridad y la pureza. En los reinos superiores, es el estado natural, ya que es el único estado. Estás en tu verdad cuando estás conectada con tu yo superior. Entonces estás alineada con Dios. De la misma manera que la voluntad de un ángel es la voluntad de Dios y la verdad de Dios, hay muchas opciones con Dios. Hay muchas opciones que están alineadas con él. El libre albedrío de la 3D contiene polaridad y contempla lo bueno y lo malo. En la quinta dimensión y más arriba rige el libre albedrío de Dios, que contiene opciones ilimitadas, pero todas las opciones son amor en las dimensiones superiores.

CHARITY: Esta palabra solo existe en las dimensiones inferiores, pero a veces la utilizamos cuando hablamos con personas como tú, que la comprenden. Sin embargo, si hay otra manera de mostraros la comprensión, la preferimos. En las dimensiones superiores, la palabra *verdad* no tiene ningún valor. Estamos hechos de luz de Dios en un cien por cien. ¿Cómo decís que sois libres de actuar según lo que veis? En la libertad de elección solo existe lo positivo.

DARLA: Sabes que la palabra *verdad* significa que puedes confiar en ti misma y en los demás para saber que lo que dices es verdad. La verdad va y viene. Lo que puede ser cierto en un momento dado puede no serlo para otra persona en otro momento. La verdad es fluida. Va y viene y pasa de un momento a otro, encadenándose en una gran verdad. La verdad resuena para ti y resuena para otras personas. Cuando la oyes o la sientes, sabes que está ahí. Vibra con tu alma y te da paz. También aporta paz a tu mente. Silencia el pensamiento y te proporciona calma. Es bueno que sepas esto y lo compartas, por ahora.

YUKI: No es necesario preocuparse por la palabra en sí. Lo que importa es la claridad sobre las propias intenciones, las intenciones puras, nacidas del corazón. Si uno viene de un espacio de amor y compasión y aceptación de *todo* lo que hay, esto es suficiente; el respeto total por todo lo que existe.

MICHELE: La palabra *verdad* eres tú. La verdad es amor. La verdad no es lo que está bien o mal. Permanece en el presente conectada a todos por el bien de tu propia claridad y la de los demás. La verdad es un flujo energético, desprovisto de juicio.

DONNA: Como dijo Maureen, la palabra *verdad* está codificada con una energía que perpetúa el ocultamiento de información a las masas. Mantiene activado el sentido de lo que es justo y correcto frente a lo que es injusto e incorrecto. La verdad, como mecanismo de distinción, no deja de separar y polarizar; engendra separación.

LUCÍA: El concepto de *verdad* no existe. En tu realidad, la verdad supone la confirmación verbal relativa a decir lo correcto.

DEBBIE: La palabra *verdad* puede significar muchas cosas. En la 3D puede estar sesgada y condicionada por las percepciones. En la 5D solo puede estar alineada con la voluntad de Dios. En la 5D no existe la polaridad. En la 3D hay una polaridad que implica que hay una verdad, y la verdad es que cada uno tiene su propia verdad.

BARBARA: No te distraigas con el ruido del teléfono; estamos aquí para hablar contigo de todas las cosas. La verdad es una capa en la imponente mezcla de la vida. *Verdad* es una palabra encantadora. «¿Debo hacer esta pregunta ahora?». Ya la has hecho. «¿Qué puedo saber sobre la palabra *verdad*?». ¡Ah, ahora contamos con tu atención! Es la información que fluye sin interrupciones para el mayor bien de uno.

CHRISTINE: Donde la polaridad es verdadera, la verdad es una medida de la polaridad. Saber la verdad sobre algo es conocer el espíritu más elevado de ese algo. Pero esto solo es válido en el momento. Un parecer puede cambiar cuando se dispone de nueva información. Cuando la nueva información no es incorrecta, se añade a la anterior, como ocurre con la música. Es algo vivo; es hasta donde alcanzas a saber en el momento.

MARGARET: En la verdad de la 3D, tu ego necesita comparar y justificar. En la verdad de Dios solo hay unidad, amor. Así lo sientes en tu conocimiento.

7

SACAR EL MÁXIMO PARTIDO A LA INTUICIÓN

Aprovechar al máximo la oportunidad

Hay tres formas establecidas de obtener información o saber algo en la realidad. En primer lugar, las pruebas empíricas (el método científico) y en segundo lugar las propias experiencias (las pruebas subjetivas). La tercera vía es la intuición u otras formas de adivinación. Trabajar con tus custodios y guías de los registros se inscribe dentro de esta tercera forma. Todas las experiencias son válidas. Y creo que hay una cuarta vía: la integración de las tres mencionadas. Lo que tiene de bueno la cuarta vía es que cuando nos permitimos recopilar e integrar las pruebas lógicas y las personales, la mente egoica está satisfecha de que hayamos efectuado las debidas diligencias y no estemos «actuando a lo loco». Así, armados con el conocimiento obtenido por las tres vías, trabajar con los guías de los registros akáshicos y seguir al yo superior constituye la verdadera integración del corazón (el yo superior) y la mente (la información objetiva y subjetiva).

He llegado a la conclusión de que el yo superior es la máxima autoridad a la hora de tomar decisiones, porque tiene acceso a todos los otros sistemas de conocimiento y puede tener en cuenta información que tal vez aún no sepamos. Sin embargo, en los registros podemos obtener la sabiduría del porqué. Esta sabiduría a menudo nos proporciona una conexión con el corazón que no sabíamos que era posible. Hacer preguntas en los registros nos aporta sabiduría.

Cuando te tomas tiempo para comprender mejor los factores físicos, mentales y emocionales que hay detrás de una decisión, has encontrado una manera de integrarlos todos. Cuando empiezas a trabajar con tu yo superior, estás en modo de práctica; en este contexto, debes concebir tus actos como un juego y tu práctica debe ser lúdica. No tienes por qué llevar la cuenta de los aciertos y errores durante este período. Una vez que hayas completado los cuarenta y cinco días de práctica, estarás listo para confiar en tu yo superior. Este paso es muy potente, porque podrás actuar contando con una información de la que no dispondrías de otro modo.

Después de un período de tiempo, que en el caso de algunas personas es de meses y en el de otras puede ser más largo, podrás conocer a tu yo superior. ¿A qué me refiero? Si te pregunto si confías en que el sol saldrá mañana, sonreirás y me dirás: «En realidad, *sé* que el sol saldrá mañana». No confías en que saldrá el sol; sabes que lo hará. De la misma manera, debido a tu amplia experiencia con el yo superior, pasarás de confiar en él a saber que esta versión de ti es acertada el cien por cien de las veces. Voy a poner un ejemplo sacado de mi experiencia personal. Mi madre es una grafóloga muy intuitiva, y por regla general sabe algo acerca de una persona intuitivamente antes de encontrar ese rasgo en una muestra de su escritura. Puesto que el análisis de la escritura a mano es científico, aguarda para confirmar esa información y no la hace constar en su informe si no la ve en la muestra.

Desde el principio, me comprometí a proceder según las indicaciones de mi yo superior. He comprobado una y otra vez lo útil que esto ha sido para mí en mi vida diaria y a la hora de emprender o evitar determinadas acciones. Hace poco, uno de mis hijos me dijo que a pesar de que su trabajo requiere que proporcione proyecciones de datos a las tiendas de su región geográfica, a menudo sabe intuitivamente la respuesta antes de que los datos puedan establecer claramente ese resultado. A veces debe ignorar su intuición porque los datos no la avalan, pero su experiencia es que su intuición siempre acierta.

ACTÚA A PARTIR DE LA INFORMACIÓN QUE TE DEN

En ocasiones haces preguntas difíciles a los custodios de los registros. ¿Qué te dirán? Cuando necesites una información importante en relación con algún tema o inquietud, siempre es conveniente que prestes atención a los signos y señales que aparezcan en tu camino. A veces te sentirás atraído por un libro. A veces irás a algún lugar y conocerás a alguien con quien mantendrás una conversación clave o tal vez resultará que esa persona ofrece un tipo de servicio muy apropiado para ti. Cuando abras los registros, quedarás impactado cuando oigas que los custodios se refieren a esta nueva información; ¡fueron ellos quienes te condujeron al libro que acabas de comprar o al lugar en el que tenías que estar!

También habrá ocasiones en las que cuestiones lo que te digan los custodios. Si dudas de su información, puedes efectuar una comprobación rápida con tu yo superior. Esto te ayudará a confiar en tu habilidad a la hora de desenvolverte en los registros akáshicos. En ocasiones, es posible que pienses que te estás inventando la información; de hecho, es bastante normal que ocurra esto.

Ejercicio 7.1

MÁS PREGUNTAS PARA HACER EN LOS REGISTROS AKÁSHICOS

* ¿Están mi ego, mi mente o mis emociones impidiéndome comprender?
* ¿Qué puede estar bloqueándome que debe ser limpiado?
* ¿Hay aspectos ocultos de mí que me impiden conocer o comprender esta situación?

Someterte a las respuestas amorosas y carentes de prejuicios de los custodios y guías de los registros te alejará de las ideas que te frenan, te apartará de los hábitos con los que quieres acabar y eliminará los sistemas de creencias y las críticas dolorosos que puedan provenir de tus padres, tu cónyuge u otros familiares.

Una mujer preguntó por el exnovio de su hija. Los gatos de su hija habían muerto misteriosamente en el plazo de una semana. Mi clienta sospechaba que el exnovio los había envenenado. Al oír su pregunta, me pregunté qué le dirían los custodios de los registros. «No necesitas que tus custodios de los registros confirmen lo que ya sabes» fue su contundente respuesta.

En otro ejemplo, una clienta mensual habitual recibió una orientación exhaustiva durante los comentarios de apertura: «Tu propósito en este momento tiene que ver con la abundancia de oportunidades que tienes ante ti. La mayor tentación que tendrás será la de mudarte rápidamente al campo y buscar, y te decimos que te tomes tu tiempo y te permitas efectuar todos los preparativos que sean necesarios. Aún queda lejos el momento en el que deberás poner tus plántulas en el suelo. Se trata de que lleves a cabo una planificación cuidadosa y de que pienses en el futuro y en cómo sacar el máximo partido a estas oportunidades. Se están presentando tantas oportunidades que pensarás que eres como una niña en una tienda de golosinas». La clienta se quedó asombrada. Me dijo que la junta directiva de la organización sin ánimo de lucro que había fundado había celebrado su reunión justo antes de nuestro encuentro y que habían revisado una propuesta de mercadotecnia que se había presentado y sobre la que ella quería abalanzarse. Me dijo: «Yo me inclinaba por meterme de lleno en esta oportunidad», pero después hizo la reflexión de que «uno de los nuevos miembros de la junta tiene un hermano que es consultor y me ayudará a evaluar este nuevo proveedor de servicios sin cobrarme nada». Pensó que tenía sentido, pero había sufrido decepciones en ese terreno en el pasado y no quería esperar. Fue un gran consejo que le dieron al comienzo de la lectura, antes de que hiciese cualquier pregunta.

Puedes contar con tus custodios y guías de los registros para que te ayuden a comprender más de lo que puedes ver o entender por ti mismo, lo cual te ayudará a superar los obstáculos de la vida, a aprovechar tus talentos y a incrementar tus virtudes.

TU DIARIO AKÁSHICO

Tu diario de los registros akáshicos debes usarlo solo *tú* cuando estés en ese espacio. Podrías escribir en cualquier lugar y en cualquier momento, pero llevar este diario es una excelente manera de hacer el seguimiento de tus progresos.

Da lugar a un cierto «refuerzo ritual» el hecho de usar el mismo libro o cuaderno cada vez y de tener siempre la oración y el protocolo impresos en su interior. También nos sirve para inspirarnos a hacer la misma pregunta una y otra vez o para pedir mayor claridad sobre una respuesta que ya se nos ha dado.

Los científicos han descubierto que escribir de esta manera mejora la memoria operativa. También nos brinda más compasión con respecto a los cambios vitales que podamos estar experimentando al trabajar en los registros. Es una forma brillante de observar nuestros avances.

De hecho, se ha descubierto que llevar un diario de cualquier tipo alivia los efectos negativos del estrés en el cuerpo y fortalece las células del sistema inmunitario. Los estudios han demostrado que escribir sobre sucesos difíciles mejora el bienestar. James Pennebaker ha realizado una extensa investigación sobre los beneficios que reporta recoger en un diario los sucesos traumáticos. En un estudio comparativo de dos grupos, el que escribió un diario enfocándose en sus cogniciones y emociones desarrolló una mayor conciencia de los beneficios de los sucesos estresantes que el otro.[1] Sin duda, preguntarás a los custodios de los registros acerca de todo tipo de cosas que te ocurran, no solo las traumáticas, aunque puede ser que empieces por ahí.

EL TRABAJO SOBRE VIDAS PASADAS

¿Te gustaría saber más sobre ti y por qué estás aquí? ¿Te gustaría entender por qué reaccionas como lo haces con las personas presentes en tu vida? ¿Te gustaría entender mejor las situaciones que parecen no tener sentido? Es hora de que empieces a usar los registros akáshicos para trabajar con tus vidas pasadas. Prepárate para las sorpresas.

De nuevo, puedes tener la tentación de dudar de la información que te llegue. Estate preparado para aceptarla. Está bien que dudes de ella, pero aceptemos también que tus custodios y guías te están brindando información verdadera sobre ti, que pertenece a algo más grande y que forma parte de la maestría de la vida.

Es posible que no creas en la reencarnación. O tal vez sí, pero no quieres obsesionarte con el trabajo sobre una vida que es historia. El caso es que el trabajo en los registros revela información muy sorprendente. Edgar Cayce no creía en la reencarnación; sin embargo, los mensajes que recibía cuando estaba en trance revelaban continuamente que esta era una realidad. Finalmente, expandió sus creencias personales para incluirla. En los últimos años, he descubierto algunos hechos muy interesantes y reveladores en el contexto de mi trabajo con miles de clientes y alumnos. Como he mencionado anteriormente, la humanidad está «viajando de regreso a casa»; está elevando e incrementando sus experiencias con el fin de reparar y sanar los dramas y el dolor del pasado. ¿Cómo haremos esto? Aceptando una determinada experiencia de una vida pasada y cambiándola al sustituir ese suceso por un resultado diferente, más ideal. Esto no es lo mismo que el perdón.

A muchos clientes les informan, los custodios de los registros, acerca de una muerte que experimentaron en una vida pasada, y luego les dan la oportunidad de abandonar la dinámica de intentar arreglarla. Por ejemplo, alguien que se ahogó en una vida pasada puede nacer en una familia de navegantes para poder estar cerca del agua y no morir en ella. Fue el caso de una clienta mía, que fue llevada a un contexto acuático, pero el agua la aterrorizaba. Estas personas configuran un escenario para experimentar lo mismo o realizar las mismas acciones pero sin que ello desemboque en su muerte. Cuando abrí sus registros, me mostraron una imagen de ella en la que llevaba puesto un chaleco salvavidas y se mostraba obsesivamente preocupada.

Los custodios de los registros y, lo que es más importante, la humanidad saben que hay más de una forma de resolver esta obsesión. Instruye así a tu alma: «*No necesito hacer eso.* Puedo estar de acuerdo con tomar una decisión que me ponga en peligro. Sí, puedo estar bien y no intentar arreglarlo». Piensa en un experimento en el que un científico esté seguro de que puede cocer un huevo en un microondas, e intenta, una y otra vez, freír el huevo sin practicar un agujerito en la yema.[*]

Muchas personas con las que he trabajado se han encontrado con que en el momento en que estrecharon su relación con su ser amado (por ejemplo, cuando se casaron o cuando se compraron una casa y se fueron a vivir juntos) afloró alguna herida con origen en una vida anterior en la que ya habían estado juntos. Cuando empecé a obtener información sobre mi propia situación (mi amado esposo me mató en una vida anterior), comencé a ver el patrón de la fusión entre vidas y el colapso de los recuerdos. Esta fusión simplifica y sana las circunstancias.

Estaba experimentando dos vidas al mismo tiempo; la manifestación de ello era un dolor agudo que surgía y después cesaba. La exploración física que efectuó el médico no arrojó ninguna causa, pero el dolor seguía presentándose cada mañana. Lo hacía durante los primeros treinta o cuarenta minutos posteriores a mi despertar y después remitía, hasta la mañana siguiente. Esta situación se prolongó durante meses. Finalmente, la otra versión de mí que estaba siendo sanada pudo funcionar

---

[*] Si no pincha la yema, el huevo explotará.

perfectamente sin «mi» ayuda. Esta experiencia me desconcertó al principio, hasta que se me mostró que estaba viviendo simultáneamente dos vidas separadas unidas a través de un vórtice, un suceso ubicado en el tiempo y en el espacio que nos unía. (Tenía que ver con estar en el mismo lugar y con la misma persona con la que aconteció el suceso original). En los registros akáshicos, insté a las versiones mías que contienen todos estos aspectos interactivos de nosotros a que se completasen y sanasen desde los planos internos, a que permitiesen que la situación se resolviese a través de este acto de amor.

Una y otra vez, tus custodios de los registros se reunirán cuando los llames, en respuesta a tu solicitud. El límite a las respuestas que recibas solo puede venir impuesto por tu falta de voluntad a la hora de escribir los mensajes de los custodios y los guías, de tomar en consideración sus mensajes, de aceptar su información como real. Tomar nota de los mensajes no siempre es fácil, especialmente cuando nos resistimos a una situación, pero resulta más sencillo que muchas opciones «tradicionales». Los seres humanos no siempre necesitan someterse a mucha psicoterapia para curar sus heridas, especialmente si provienen de hechos acontecidos en vidas pasadas. A este respecto, te recomiendo que conozcas el trabajo de una médica y psiquiatra que comenzó a usar la hipnoterapia para curar a sus pacientes, Shakuntala Modi. Los llevaba al momento de sus vidas en el que se inició su disfunción. Le estaba yendo muy bien... hasta que uno de sus pacientes fue a parar a una vida anterior. Como médica, no tenía experiencia en el campo del trabajo con vidas pasadas. Para saber más, lee su libro *Remarkable Healings* [Curaciones destacables].

Ejercicio 7.2

PREGUNTAS PARA EXPLORAR TU SOMBRA

Expongo a continuación algunas preguntas profundas que pueden ayudarte a explorar tu sombra (la parte de ti que no estás dispuesto a admitir que existe). Estas preguntas te ayudarán a descubrir esa parte de ti que te genera vergüenza y autocrítica. Tal vez tendrás la impresión de que estas preguntas las debes responder tú personalmente y ciertamente, si nunca las has abordado, sería bueno que te las hicieses a ti mismo primero antes de formularlas en los registros akáshicos.

- ¿Qué es lo que más temo admitir de mí mismo?
- ¿Qué pensarían de mí los demás si se enterasen?
- ¿Qué pensarán de mí los demás *cuando* se enteren?
- ¿Con quién estoy molesto?
- ¿Por qué no me gusta esta persona?
- ¿Qué ha hecho esta persona que desapruebo dentro de mí?
- ¿Por qué me opongo a ciertas personas, situaciones y comportamientos? (Menciona la persona o el aspecto concreto al que quieras hacer referencia).
- ¿Quién dejaría de amarme si supiera la verdad?
- ¿Qué secretos sobre mí he estado escondiendo?
- ¿Qué es lo que me suscita una reacción?
- ¿Qué parte de mi vida es real?
- ¿Qué parte es falsa?
- ¿Qué parte de mí está desequilibrada?
- ¿Dónde necesito concentrarme y poner mi energía?
- ¿En qué debo esforzarme?

- ¿Cómo puedo mejorar mi autoestima, mi sabiduría o mi poder? (Menciona el aspecto concreto al que quieras hacer referencia).

Los custodios y guías de los registros son amables y bondadosos. Te hablarán palabra por palabra si no puedes aceptar o comprender lo que te están diciendo. A veces te resistirás a sus respuestas o revelaciones. De forma amorosa, bondadosa y compasiva, te proporcionarán respuestas y te sugerirán acciones. La aceptación no siempre es fácil. Oír verdades que no tienes forma de verificar te parecerá extraño al principio; sin embargo, percibirás la verosimilitud de esa información y finalmente empezarás a considerar que realmente podría ser cierta.

¿Perseverarás o abandonarás el trabajo cuanto te encuentres en esta coyuntura? ¿Te reirás y llorarás cuando sepas que has vivido antes, has amado antes, te has decepcionado a ti mismo pero nunca los has decepcionado a ellos? ¿Te abrirás al conocimiento de que independientemente de quién seas y lo que hayas hecho eres perfecto tal como eres? ¿Aprenderás a amarte tal como lo hacen los custodios y los guías de los registros?

Y ¿qué hará por ti el hecho de amarte a ti mismo? ¿Silenciará la voz que hay en ti que te impide ser feliz? ¿Aliviará tu vergüenza por los actos que has cometido para herir a otro ser? ¿Te llevará al pasado solo para mostrarte tu verdadera naturaleza, la verdadera naturaleza de la vida, la evolución y la maestría? No todo está perdido; en realidad, lo cierto es todo lo contrario. El solo hecho de que emprendas este proceso significa que eres alguien increíble. Estás empezando a graduarte como un nuevo ser humano, como el tipo de persona que forma parte de una realidad mucho más grande de lo que la mayoría de la gente tan siquiera se plantea. Bienvenido al nuevo mundo emergente.

Al final, solo el amor importa. Al final, el amor es el verdadero bálsamo, el verdadero sanador y el verdadero creador. Los que quieren que fracases están tratando de demostrar que el amor no es la respuesta. Pero esto no tiene nada que ver contigo. ¿Por qué dejar que te arruinen el día? En lugar de eso, permite que los custodios y los guías de los registros te muestren lo asombroso que eres, para que puedas enamorarte de la vida, las experiencias y los demás.

COMUNIÓN A TRAVÉS DE LA COMUNIDAD

Leer para otros y expansión de la conciencia

A estas alturas ya has desarrollado una práctica que te aporta resultados satisfactorios en el ámbito personal. ¿Estás listo para abrir los registros akáshicos para los demás? Muchas de las preguntas que te he pedido que respondieras en los capítulos anteriores tenían como finalidad asegurar que llevases a cabo tu trabajo de superación personal. Los custodios de los registros prepararon esas preguntas en concreto porque quieren que explores expresamente tus inclinaciones. Es posible que hayas comprobado que tus respuestas coincidían con las recibidas por otros estudiantes; o, a la inversa, es posible que hayas descubierto lo contrario y te veas obligado a afrontar tus prejuicios, tus creencias y tu formación. Se trata de un camino de crecimiento espiritual y automejora exigente, pero vale la pena y te preparará para ser el mejor guía que puedes llegar a ser.

Si no resuenas con las respuestas de los otros estudiantes que figuran en las muestras de respuestas de este libro, tal vez te preguntes por qué las recibieron. Cuando alcanzamos la conexión más alta posible con los registros akáshicos, puede ser que lo que recibamos no coincida con nuestro sistema de creencias. Al trabajar con este linaje, quizá te encuentres con sistemas de creencias que no concuerden con los tuyos, y esto puede hacer que tu ego intente proporcionar las respuestas.

Considera la posibilidad de que tus creencias sean tan fuertes que hayan eclipsado los mensajes bondadosos, amables y amorosos de los custodios de los registros y hayas eliminado, sin saberlo, grandes cantidades de sabiduría y comprensión. Si este es tu caso, te recomiendo que leas y apliques los métodos de honestidad radical de Brad Blanton, un programa de superación personal que afirma que el hecho de mentir es la fuente principal del estrés humano moderno, mientras que el hecho de hablar directamente, incluso sobre temas dolorosos o tabú, hará que la gente sea más feliz, al crearse una intimidad que no es posible cuando se ocultan cosas.[1]

Todos nos beneficiamos de una mayor honestidad. Cuanto más honesto seas contigo mismo y con tu familia y tus amigos íntimos, más fácil te será recibir información precisa por parte de los registros akáshicos. Caroline Myss afirma que los mentirosos no curan. Esto ocurre cuando estás dispuesto a negar tu propia verdad a ti mismo o a los demás e imaginas que no obtendrás buena información de los registros akáshicos.

Antes de pasar a leer para otras personas, ten en cuenta que muchos individuos albergan tanta autocrítica que esto puede interferir. Una estudiante que preguntó en los registros akáshicos cómo podría obtener mejor información obtuvo esta respuesta por parte de sus custodios de los registros:

Estarías más receptiva si limpiaras tu paladar de pensamientos ásperos, de palabras que se interponen en el camino de escuchar nuestra verdad. Tus duras palabras interfieren al detener el flujo de palabras y la comunicación procedente de arriba y de los registros akáshicos. Tus pensamientos bloquean el amor que está fluyendo, aunque el amor está siempre ahí y siempre está en los registros akáshicos para que lo tomes. Por favor, limpia tu mente de los pensamientos ásperos que surgen en ella, que pueden ser juicios sobre ti misma y los demás, o pueden ser obsesiones del pasado que te impiden oír la verdad relativa al presente y el futuro.

¡Qué mensaje tan potente! En clase, después de compartirlo, estuvo de acuerdo con su contenido.

LA DIPLOMACIA Y LA INTEGRIDAD AL LEER PARA OTRAS PERSONAS

Debes ser alguien a quien le importe profundamente servirse a sí mismo y servir a los demás y a la humanidad. Tal vez vayas a establecer una relación con un cliente, un amigo o un familiar. Esta relación está basada en una confianza que es sagrada y debe abordarse con respeto y confidencialidad. Has de comprender que tienes el deber, hacia ti mismo y tu cliente (tanto si va a pagar por la sesión como si no), de hacer tu propia exploración, para poder servir bien a los demás. Aunque es una extensión de tu práctica original, no debes hacerla a la ligera.

¿Recuerdas que Edgar Cayce denomina *libro de la vida* a los registros akáshicos? Estos son un campo viviente de energía que contiene toda la información sobre las personas: sobre su pasado, su presente y sus posibles futuros. No están ahí para ser objeto de lecturas psíquicas, sino para facilitar información con el fin de ayudar al crecimiento y el desarrollo humanos. El acceso a los registros es uno de los grandes favores cósmicos de nuestra era, y se otorgó para promover la evolución del alma. La información procedente de ese espacio es muy potente y debe manejarse con cuidado. Tanto tú como la persona cuyos registros estás abriendo sois vulnerables y debéis ser apreciados y sostenidos de una manera que alimente la confianza.

Consideraciones éticas

En la capacitación que ofrezco, todos los guías deben suscribir el código ético que figura en el apéndice A. Los principios fundamentales deben ser observados por cualquier persona que acceda a los registros en nombre de otra:

Acepto que el objetivo principal de las sesiones en los registros akáshicos es el *crecimiento del alma*, tanto en lo que respecta al cliente como a mí mismo(a).

Acepto respetar la total confidencialidad de la información relativa a mis clientes.

Siempre pido permiso para estar en los registros akáshicos. Esto es especialmente importante cuando abro mis propios registros como un acto de humildad. Esto me permite tener un comportamiento íntegro en todos los casos.

Acepto abrir regularmente mis propios registros para que ello me ayude a resolver problemas y dilemas que puedan surgir en relación con mi propio trabajo.

He finalizado mis cuarenta y cinco días (como mínimo) de trabajo de práctica con el yo superior, y estoy de acuerdo en seguir trabajando con él para obtener mayor precisión y recibir apoyo por parte de mis canales de sabiduría.

Acepto utilizar siempre el protocolo de los guías de los registros akáshicos de la forma apropiada. (Diré la oración para abrir los registros una vez en voz baja y dos veces más para mis adentros usando el nombre legal del cliente).

Leer para familiares

Resulta complicado leer para miembros de la familia. Es muy fácil que, sin querer, permitas que tu ego les diga lo que piensas que deberían hacer. ¡Puede ser que ni siquiera te des cuenta de que estás haciendo esto! Tus custodios de los registros te avisarán, a menos que no estés haciendo tu propio trabajo espiritual, como mencioné anteriormente.

Te recomiendo que practiques con otras personas y pospongas las sesiones con los miembros de tu familia hasta que obtengas la certificación o hasta que tus clientes o amigos te digan que estás haciendo un trabajo fenomenal. Es fácil caer en el ego cuando conocemos a alguien y creemos que sabemos lo que esa persona debería hacer. Es posible que tu ego se apresure a ofrecer soluciones a los problemas de los miembros de tu familia, pero tu intención no debe ser otra que la de mantener la integridad y decir solamente lo que te llegue desde los registros akáshicos. Esta es la razón por la que nunca me ofrecí a leer para mi familia hasta que estuve bien asentada en esta profesión. Actualmente hago lecturas para mis familiares con regularidad.

Los comentarios de apertura

El linaje en el que estoy sigue un protocolo llamado *comentarios de apertura*. Son una descarga de información directamente procedente de los custodios de los registros akáshicos. Una vez que te hayas centrado, espera y prepárate para recibir los comentarios de apertura por su parte. Obtendrás información sobre tu cliente, muy probablemente codificada. Esta serie de «declaraciones» procedentes de los registros llega sin que los clientes hayan aportado ninguna información y antes de que comiencen a hacer preguntas. El acto de recibir los comentarios de apertura te permite ser el conducto que van a usar los custodios de los registros para transmitir la información solicitada por el cliente cuando tomó la decisión de tener una sesión; sirve para validar la precisión de la información ofrecida por los custodios y los guías y para avalarte como su mensajero. Esto puede ser muy importante, porque la información procedente de los registros debe tratarse como sabiduría destinada a tu cliente.

Normalmente, el cliente resuena con la información. Los comentarios de apertura siempre nos permiten sintonizar con él. Estos comentarios pueden presentarse como imágenes, palabras o frases. Es posible que te expreses de forma poética. Tal vez no sepas que estás siendo poético en el momento, pero en retrospectiva verás muy claramente que los custodios y los guías de los registros se expresaron poéticamente a través de ti.

A menudo, lo que se obtiene es información que puede no tener sentido hasta el momento de las preguntas y respuestas. A veces aparece en forma de símil o metáfora. Los custodios usarán tu vocabulario, pero no necesariamente de la manera en que lo usas tú. Puede ser que los custodios de los registros de tu cliente digan (a través de ti) cosas aleatorias o extrañas que tal vez no entiendas. Sí, puede suceder.

La mayoría de las veces, los comentarios de apertura son relativamente breves. En otras ocasiones, infrecuentes, son extensos. En cualquier caso, es muy probable que establezcan el tono para el resto de la lectura y aporten una dimensión de autenticidad que no sería posible sin ellos.

Cuando empieces a decir lo que acuda a ti procedente de los custodios de los registros, te recomiendo que digas: «Sus* custodios de los registros dicen que...» y sigas con el mensaje. Cuando los custodios de los registros se refieran a ti, es posible que te llamen por tu nombre en lugar de usar la forma típica en que te refieres a ti mismo («yo»). A veces, los custodios y los guías formulan una pregunta al cliente en el contexto de los comentarios de apertura. Por ejemplo, en una ocasión le preguntaron a un cliente mío, en Nueva York: «¿Estás pensando en irte de Manhattan?». Él respondió: «Sí». Si, en lugar de ello, hubiera respondido: «Bueno, no me he decidido», habría podido ser el inicio de una conversación. Pero conviene esperar hasta el período de las preguntas y respuestas para desarrollar conversaciones.

Muy a menudo, el cliente que se ha visto atraído hacia nosotros busca respuestas en nuestros conocimientos. Deja que sean siempre los custodios de los registros quienes proporcionen la orientación, aunque sepas intuitivamente la respuesta al problema de tu cliente. Tus custodios de los registros te alertarán si respondes desde el ego. Este «mecanismo de seguridad» funciona porque estás haciendo tu propio trabajo espiritual, que incluye abrir los registros akáshicos para ti mismo varias veces a la semana, y porque estás siguiendo la orientación de los custodios. También es conveniente realizar la práctica del yo superior y una meditación a diario, asistir a las formaciones que se impartan, etc.

Habrá ocasiones en las que tendrás la fuerte impresión de que tu información con origen en la 3D será de utilidad para el cliente. Por supuesto, puedes compartir lo que sabes, pero

---

* Sus = de usted. En este capítulo, como criterio de traducción subjetivo, se va a suponer que la persona que hace la lectura de los registros trata de usted al cliente y que los custodios de los registros del cliente lo tratan de tú (N. del T.).

asegúrate de identificar al «orador». Hazlo así: «Habla Maureen; uno de mis hijos tenía asma y encontré útil...» [menciona lo que os ayudó]. Cuando los custodios de los registros vayan a hablar de nuevo, anúncialo.

LA PREPARACIÓN DEL CLIENTE

Ayuda a que tus clientes tengan sesiones positivas contigo proporcionándoles orientación sobre el funcionamiento de la lectura que va a tener lugar y sobre qué pueden esperar de ti. Recuérdales que deben evitar cruzar los brazos y las piernas.

Explícales que vas a comenzar con los comentarios de apertura y que vas a traer información procedente de sus custodios y guías de los registros, antes de que hagan cualquier pregunta. Te recomiendo que les pidas que escuchen los comentarios de apertura sin interrumpirte, ya que esta información tiende a acudir como un flujo e interrumpirlo puede impedir que se expongan todos los comentarios. Puedes sugerirles que esperen hasta que hayas acabado con los comentarios de apertura. Cuando hayas terminado, oirán este anuncio por parte de los custodios y guías de los registros: «Estamos listos para las preguntas». La razón por la que es importante que respeten esta dinámica es que una vez que hayas empezado a transmitir los comentarios de apertura te puede ser difícil interrumpir ese flujo y responder preguntas, y luego regresar al punto donde lo dejaste. Puedes explicarles que pueden hacer una pregunta, o que los custodios y los guías de los registros pueden hacerles una pregunta, pero que el propósito no es abrir una conversación. Si te interrumpen, puedes responder: «Podemos profundizar en esto una vez que haya formulado los comentarios de apertura; ¿le parece bien?».

También puedes proporcionar información específica sobre cómo trabajas y sobre si recibes la información en forma de imágenes principalmente o por otros medios.

Tú y tus clientes deberíais limitar la sesión a una hora, aproximadamente. Asegúrate de saber de antemano cuánto tiempo permitirás que los clientes trabajen contigo. Según mi experiencia, las personas tienden a comenzar a repetirse transcurridos unos cincuenta minutos. Siempre programo un temporizador cuando empezamos, para que los clientes sepan cuándo se ha acabado su tiempo. Es importante que tomes una decisión a este respecto. Cuando suene la alarma, te corresponderá a ti decidir cuánto tiempo más pasarás con el cliente. Si sientes que quiere que le dediques más tiempo pero ves claramente que está repitiendo sus preguntas u observaciones, puedes decir: «Antes de cerrar, ¿tiene una última pregunta?». Ocasionalmente, hay clientes que necesitan más tiempo; conocen sus necesidades y piden una sesión más larga en el momento de concertar la cita. No permitas que un cliente se pase del tiempo que ha contratado a menos que sea absolutamente necesario.

Cómo funciona una lectura

Aquí tienes la hoja de instrucciones que comparto con mis clientes para prepararlos para una lectura:

1. Le pedimos que no cruce las piernas o los brazos durante la lectura, ya que el cruce cierra su campo e interrumpe el acceso.

2. Maureen es una persona hiperempática. Esto significa que es capaz de sentir lo que le ocurre a usted. Es posible que

sienta su dolor físico, emocional y espiritual. Si es así, se lo dirá y le preguntará si puede ser de utilidad para usted hablar de ello. Si ella sintoniza con su energía, habrá ocurrido de forma natural; no lo habrá hecho a propósito.

3. Maureen es un «transformador». Trae energía para usted desde la undécima dimensión, que es donde se encuentran los registros akáshicos. Esto significa que ella es para usted el equivalente a lo que es un transformador eléctrico para su ordenador portátil. Como efecto de esta energía procedente de la undécima dimensión, usted experimentará, de forma natural, una mayor sensación de bienestar al final de la sesión.

4. Además, si el cuerpo de Maureen empieza a calentarse (las palmas de sus manos estarán sudorosas y le dirá a usted que se está calentando mucho, como puede ocurrir con el transformador de un ordenador), ello es indicativo de una afluencia especial de energía con respecto al tema que se está tratando. Incluso si la comunicación es sobre algo que para usted no reviste importancia, reconozca que se trata de algo muy importante.

5. La apertura de sus registros akáshicos tiene lugar a través de una ceremonia. Maureen la ejecuta en silencio mientras usted aguarda. Ella le pedirá que confirme su nombre legal completo. A continuación, le dirá en voz baja unas palabras que usted no tiene por qué oír; este procedimiento dura unos veinte segundos.

6. Hay muchos meses en los que Mercurio está retrógrado. Este hecho puede ser causa de confusiones. Vamos a pedir todos los beneficios que presenta el hecho de que Mercurio esté retrógrado y un «antídoto» contra todos los inconvenientes que ello podría comportar.

7. Cuando sus registros estén abiertos, Maureen anunciará en voz alta: «Sus registros están abiertos». A continuación, usted puede encender su dispositivo de grabación; ella esperará mientras lo hace. No hay necesidad de encenderlo antes. Ella está acostumbrada a recordarles a los clientes que lo hagan en ese momento y se lo recordará.

8. Después anunciará la fecha, el nombre de ella y el nombre de usted. Entonces se producirá un silencio.

9. Maureen se sentará durante unos momentos mientras sintoniza con los custodios y los guías de los registros de usted. Recibirá una «descarga» de información para usted acerca de una serie de cuestiones, que llama *comentarios de apertura*. Esto puede durar entre veinte segundos y veinte minutos; Maureen nunca lo sabe.

10. Muy a menudo, la descarga no tiene mucho sentido hasta que el cliente empieza a hacer sus preguntas. Sus guías y custodios de los registros pueden referirse a lo que dijeron en los comentarios de apertura.

11. A través de Maureen, los custodios y los guías de los registros de usted pueden hacerle una pregunta durante los comentarios de apertura. Usted puede responder a esa pregunta y puede tener una pregunta sobre la pregunta. Eso está bien, pero es muy recomendable que espere hasta que hayan finalizado los comentarios de apertura para iniciar una conversación. Es como si Maureen fuera una camarera que llevase un montón de platos llenos en las manos y quisiese dejarlos sobre una mesa antes de responder preguntas sobre su contenido. De manera que si ella le pide que aguarde, escriba las preguntas y ella las contestará una vez que haya acabado de formular los comentarios de apertura.

12. Cuando haya acabado de decir los comentarios de apertura, anunciará: «Estamos listos para las preguntas».

13. Ahora puede proceder a hacer cualquier pregunta que desee. Es preferible que diga el nombre completo de toda persona por la que pregunte. Si no tiene permiso para saber esa información, sus custodios de los registros se lo dirán.

UN PROTOCOLO PARA GUIAR A OTRAS PERSONAS O LEER LOS REGISTROS AKÁSHICOS PARA OTRAS PERSONAS

Debes contar con el permiso del individuo antes de abrir sus registros. Siempre debes usar el nombre legal completo de la persona para la que leas. Como guía, pídele que te diga su nombre legal y escríbelo en tu diario, junto con la fecha. El nombre legal es el que figura en el pasaporte o carné de identidad del cliente. Si tiene más de un nombre, puedes usarlo. Si tiene el mismo nombre que un miembro de su familia, incluye cualquier dato específico que lo distinga del otro nombre. Es posible abrir, inadvertidamente, los registros de un familiar del cliente en lugar de los suyos debido a un error de este tipo, así que ¡asegúrate! Tal vez el nombre de alguien coincida con el de su padre; por ejemplo, ambos se llaman David Young, pero uno de ellos es David Young sénior y el otro es David Young júnior. O quizá el nombre de una clienta es el mismo que el de su tía, pero tu clienta tiene un segundo nombre diferente.

La oración sagrada

Debes utilizar una oración diferente de la que usas para abrir tus propios registros. Di la oración completa tres veces: la primera vez hablando, tal como está escrita (pero en voz baja para que el cliente no la oiga), y la segunda y la tercera vez repítela en silencio diciendo el nombre del cliente en lugar de las palabras subrayadas.

Oración sagrada de los registros akáshicos para abrir los registros de otra persona

Llamo al gran director divino, a Lord Sanat Kumara y a la diosa de la libertad para que supervisen mi trabajo en los registros akáshicos. Le pido a mi yo superior que me ayude a estar en mi conciencia de la quinta dimensión.

Le pido a Dios (o a la Fuente) que disponga su escudo de amor y verdad alrededor de usted permanentemente, para que solo existan el amor y la verdad de Dios entre usted y yo.

Invito a los Lords de los registros akáshicos a que permitan que los maestros, instructores y seres queridos de usted puedan canalizarse a través de mí, desde los reinos que están compuestos por la luz de Dios en un cien por cien, para decir lo que quieran.

Pido permiso a los Lords de los registros akáshicos para poder mirar dentro de los registros de usted y revelar la información que se me permita.

Los comentarios de apertura

Después de decir dos veces la oración con el nombre apropiado para tus adentros, aquiétate y espera a que tus indicadores validen la conexión. Esta es una sesión auditiva; vas a hablar, no a escribir. Acuérdate de mantener los ojos abiertos y estate preparado para recibir información aleatoria para el cliente. Cuando los registros estén abiertos, anúncialo de esta manera: «Sus registros ya están abiertos».

Si quieres, sostén un cristal de facilitación de la visión en la mano para que te ayude, y empieza con la lectura. Hay numerosos cristales que pueden incrementar la conexión con los registros akáshicos; algunos son ideales para este propósito, sea cual sea su tamaño. Mi primera opción es un cristal de cuarzo transparente *faden*, porque los puntos e hilos que hay en su interior están dispuestos en ángulo recto (de noventa grados), el ángulo óptimo para saltar de una dimensión a otra. Otra buena opción es la aguamarina, que también es una magnífica piedra para los instructores. (Consulta el capítulo cuatro para obtener más información sobre los cristales que te ayudarán a acceder a los registros akáshicos).

Permanece conectado con los custodios de los registros hasta que sientas que has descargado toda la información disponible. Podrás transmitir múltiples fragmentos de información no relacionados hasta que no te llegue más. A continuación, abre la fase de las preguntas por parte del cliente con estas palabras: «Estamos listos para las preguntas».

El *mudra* secreto

Puedes usar el *mudra* de la conexión durante la oración de apertura y durante la sesión para activar el conocimiento oculto. Si lo deseas, mantén las manos en esta posición durante la sesión, ya que vas a hablar en voz alta y no tendrás que escribir los mensajes.

El templo del sol

Puedes usar una oración especial para mejorar tu trabajo. Dila cuando sientas la necesidad de hacerlo. Imagina un lugar increíble llamado templo del sol. Está lleno de una luz blanca y una luminosidad indescriptibles. Después, visualiza que la diosa de la libertad saca su antorcha de esa llama y la ancla físicamente en tu corazón. Ahora, posiciónate, céntrate realmente en tu corazón y sé consciente de quién eres en su interior, con los ojos abiertos o cerrados. Finalmente, envía esa llama a la tierra y expándela en todas direcciones, como hace la diosa de la libertad.

Oración especial para obtener un apoyo increíble

Llamo al templo del sol; llamo a la llama de la diosa de la libertad para que entre en mi corazón. Permitid que se expanda y llene mi corazón; ahora, permitidme hundirla en la tierra por medio de centrarme y enviar esta llama a través de ella, de tal manera que se expanda a través de mí e irradie hacia todos.

Di tres veces la última frase.

EN CUANTO AL CLIENTE

Tienes la responsabilidad de mantener sagrada toda la información que se revele en los registros akáshicos. Les puedes recordar a tus clientes que vas a respetar su privacidad. Es muy probable que no recuerdes fácilmente el contenido de las lecturas que hagas para ellos. Esto se debe a que eres el canal y no el objeto de la lectura. Más tarde, si tú y tu cliente conversáis sobre el contenido de la sesión delante de una taza de té, es posible que la recuerdes toda o en parte. Toda la información que ofrezco en este libro proviene de las montañas de notas que tengo de las experiencias de mis clientes y de los miles de horas de sesiones grabadas con ellos. Recuerdo historias que concuerdan con el contenido que estoy enseñando y también para el beneficio de otros estudiantes.

Debes estar preparado para la posibilidad de que la información que transmitas no sea bien recibida. ¿Qué quiero decir con esto? Imagina que una clienta está preocupada por su difícil matrimonio, que ha conseguido arreglar, y que sus custodios y guías de los registros le dicen que ella y su cónyuge no permanecerán juntos. Ella quería información, sí, ¡pero no esa respuesta! Recuerda también que aunque los custodios y los guías pueden proporcionar información de carácter predictivo, la lectura de los registros *no* tiene nada que ver con la videncia.

Al servicio de tu cliente

Las personas están aprovechando su trabajo y están cambiando activamente la realidad. Es muy posible que le des a alguien información procedente de los registros akáshicos que lo induzca a comportarse de una manera diferente de como lo habría hecho si no hubiese dispuesto de esa información. El hecho de contar con información mejora las respuestas en tiempo real frente a determinadas situaciones. Piensa en la mujer que tuvo problemas con su compañero de piso. Podría haberse enfadado y haberse sumido en el drama, pero gracias a la información que había obtenido por parte de los custodios y los guías supo que no era necesario experimentar esto, porque sabía que estaba a punto de conocer a la compañera de piso de sus sueños. Esta ayuda divina hace posible que las personas conserven la armonía y sean pacientes y amables. Las ayuda a manifestar la mejor elección posible aflojando los condicionamientos que les hacían tener un determinado comportamiento de forma habitual. Esto las ayuda a tener más libertad para cambiar de dirección, presumiblemente en favor de una opción más evolucionada.

Cuando un cliente solicite información sobre otra persona, debes seguir los mismos protocolos que aplicas contigo mismo. En todos los casos, escribe el nombre del cliente, la fecha y el nombre de la persona sobre la que quiere preguntar. Cuando hayas escrito su nombre completo, tómate un momento para sintonizar con la persona mencionada y luego pregúntale a tu cliente: «¿Cuál es su pregunta?». Es recomendable que evite las preguntas motivadas exclusivamente por la curiosidad.

Las necesidades del cliente

La gentileza es el principal sentimiento que emana de los registros. Los custodios hablarán a través de ti de manera amable y le pedirán al cliente que sea amable con su familia si es necesario para él o ella. Esta es la energía dominante que se manifiesta en cada lectura. Las respuestas, amorosas y carentes de crítica, reflejan paciencia, bondad y compasión.

Los custodios de los registros de una persona nunca van a criticarla. De vez en cuando ocurre que un cliente va dando vueltas alrededor de una pregunta; a veces la repite una y otra vez, debido a su sentimiento de culpa o arrepentimiento. Un mensaje que recuerdo claramente de los custodios de los registros hizo hincapié en que «la culpa no sirve para nada a menos que lleve a la acción». El crítico interior suele ser la voz de un padre o cuidador que la persona tuvo en su niñez.[*] Si esto te ocurre a ti, es probable que tengas que hacer un trabajo de limpieza antes de volver a los registros.

---

[*] Hay ejercicios de sanación útiles en el capítulo dos de mi libro *Beyond the Flower of Life* [Más allá de la flor de la vida]. Las herramientas que se ofrecen en ese capítulo ayudan al crítico interior de una persona a convertirse en un «animador». Si el entorno de su infancia contuvo más críticas que estímulos, ese individuo se beneficiará de usar dichas herramientas.

Los custodios de los registros le dijeron a una señora que una mujer a la que había estado evitando *no* era su amiga. Ella replicó:

—Bueno, he estado evitando sus llamadas telefónicas. ¿Qué otra cosa podría hacer?

Los custodios le respondieron:

—¡Orar por su bienestar cada vez que te llame e ignores la llamada!

La clienta me dijo entonces:

—¡Qué gran consejo!, porque me sentía culpable por ignorarla.

Seguramente habrá clientes que te pedirán que les digas qué significa algo. Si te pregunta, por ejemplo: «¿Qué significa un pozo?», puedes decirle: «Según mi experiencia, un pozo generalmente significa recursos invisibles». No le digas que ese *es* el significado. En todos los casos, anímalo a encontrar sus propios significados: «¿Qué significa un pozo para usted?».

MODOS DE RECIBIR LA INFORMACIÓN
Visión de imágenes

Al canalizar información procedente de los registros akáshicos, algunas personas reciben más imágenes que palabras. Si este es el modo en que obtienes la información para tus clientes, no trates de forzarte a encontrar palabras. En lugar de ello, describe lo que veas. Por ejemplo: «Veo a una mujer que está bailando alegremente con su bebé». Así como no forzamos a los niños zurdos a ser diestros, puedes aceptar que tu manera de recibir información son las imágenes; eso no es óbice para que pueda ser muy precisa. En caso de que pienses que de todas maneras te gustaría poder recibir mensajes hablados, «como todo el mundo», ten en cuenta que la comunicación del futuro se realizará por medio de imágenes. Este fenómeno ya ha empezado a producirse; mira todos los pictogramas de uso público que están extendidos por todo el mundo hoy en día. El símbolo para los discapacitados y muchos otros destinados a los viajeros son universales actualmente. ¡No estás por debajo de la media, sino que estás a la vanguardia!

Las señales corporales también traen mensajes

Una señal corporal que prácticamente todo el mundo ha experimentado es la piel de gallina al oír algo que su cuerpo ha reconocido como válido y con lo que ha resonado, aunque la ciencia diga que esta respuesta no es más que un reflejo o una reacción frente a una emoción fuerte. Durante los últimos treinta años, muchos de mis alumnos y yo hemos experimentado este fenómeno cada vez que alguien ha dicho algo profundo y nuestra energía ha respondido a ello con aprobación. Para mí, es como el repique de una campana.

También es posible sentir como si «hiciese viento» durante la lectura; esto indica que los «vientos del cambio» están en marcha, de forma similar a como el viento físico trae un cambio meteorológico. No hay que temer las tormentas, pero es conveniente ser precavido.

Leer las señales de tu cuerpo que aparecen en el curso de una sesión de registros akáshicos con un cliente puede ser bastante significativo. Esto depende, en gran medida, de dónde te encuentres en tu propio desarrollo espiritual. Cuando te abres a los registros, puedes ser una persona hiperempática en ese momento y recibir unas señales corporales que os ayudarán a ti y a tu cliente a comprender los mensajes.

Toser o tener un nudo en la garganta

¿Te imaginas que tuvieses tal nudo en la garganta, debido a tu estado emocional, que no pudieses decir tu verdad? Esto es lo que les sucede a las personas cuando su voz se congela y no pueden hablar. Imagina un escenario imposible en el que tú, como guía, estás tosiendo o no te salen las palabras destinadas al cliente. Cuando necesitas aclararte la garganta, se debe a que el cliente se está resistiendo a la idea o al mensaje o a que tiene problemas con su poder personal o con el hecho de expresarse. Muy a menudo tendrás que hacerlo explícito diciendo: «Estoy tosiendo por usted; esta es su resistencia». Tan pronto como lo hagas, dejarás de toser, y tu garganta se aflojará lo suficiente como para que puedas continuar. Esto puede suceder cuando estés en los registros akáshicos con un cliente y los custodios de los registros estén a punto de revelar una verdad: puedes comenzar a toser o hablar con voz ronca. Cuando me ocurre esto y anuncio que estoy «canalizando la incomodidad» del cliente, mi voz se aclara de inmediato.

Energía en el cuerpo

Si sientes energía en el lado derecho del cuerpo, eso es indicativo de que el mensaje es «masculino» o procede de la ascendencia paterna del cliente. La energía que se manifiesta en el lado izquierdo es femenina o procedente de la ascendencia materna. Cuando tengas más práctica, podrás usar esta información como una vía de comunicación complementaria.

Cuando la cabeza del cliente permanece inclinada, está cerrando inadvertidamente las puertas a esa comunicación procedente de lo masculino o lo femenino. Algunos clientes hacen esto para potenciar su escucha activa, pero en una sesión presencial o grabada en vídeo con un cliente, advertirlo de esta postura e informarlo de que la está adoptando posibilitará que se permita expresar plenamente su aspecto divino femenino o divino masculino.

Por otra parte, cuando tú, como guía, sientes más energía de la habitual dentro de tu cabeza y alrededor de ella, el cliente está sobre todo en su cuerpo mental. Saber esto es útil para interpretar los mensajes.

Si sientes un cosquilleo o energía en las manos o los dedos, es más bien indicativo de que el problema está alojado en el cuerpo emocional. Observa si el fenómeno afecta a ambas manos o si está localizado en una o en la otra, pues eso te indicará si el asunto tiene que ver con lo masculino o lo femenino. De nuevo, esto es útil para que tú y tu cliente podáis profundizar.

Cuando sientas una cantidad especial de energía en los pies o en los dedos de los pies, descubrirás que el problema tiene más que ver con el cuerpo físico. Ten en cuenta que también puede ser que sientas el dolor físico del cliente en cualquiera de estas zonas. Asegúrate de anunciar cualquier dolor o sensación inesperados; di: «Estoy sintiendo un dolor agudo en el cuello».

Esto se debe a que es posible que te estés volviendo hiperempático respecto a lo que sea que esté sucediendo con el cliente mientras estás en los registros. A veces tendrás que preguntar a los custodios: «¿Esto es una metáfora o una manifestación física del problema?». La energía se desplaza desde los cuerpos externos (mental y emocional) hasta el cuerpo físico. Por ejemplo, un problema presente en el cuerpo emocional se extenderá al cuerpo físico y un problema del cuerpo mental puede pasar por el cuerpo emocional para manifestarse finalmente en el cuerpo físico. Aquí tienes algunos otros ejemplos de mensajes corporales:

- Si sientes energía en la rodilla, esto puede significar que el mensaje del cliente fue retenido a causa de alguna limitación.
- Un cosquilleo en la nariz indica que el cliente está jugando, tomándoselo a broma.
- Si experimentas una sensación en el talón, el cliente tal vez quiera detener o ralentizar lo que está haciendo (como si estuviera frenando en seco «hincando los talones».
- En la espinilla: ser pateado en las espinillas (o haber recibido un «golpe bajo»).
- En el muslo: el cliente siente la necesidad de escapar de una situación, de huir.
- En las nalgas: espera (es posible que el cliente quiera «permanecer sentado» sin hacer nada frente a una situación).
- En el codo (como si te hubieses golpeado el hueso de la risa): el cliente ha hecho algo sin querer y le ha causado algo de dolor. Dile que las consecuencias pasarán con el tiempo y que todo está bien.
- En el brazo: el cliente está «exhibiendo músculo»; se está mostrando bravucón para parecer mejor que otra persona en una demostración de fuerza.
- En el hombro: el cliente ha «cargado sobre sus hombros» con la culpa o la responsabilidad.
- Parte inferior de la espalda: el cliente tiene dolor de espalda o está soportando una carga excesiva.
- En la parte superior de la espalda, la parte inferior del cuello o los omóplatos: el cliente ha experimentado un latigazo emocional (una relación inconstante o una situación en la que ha vivido una montaña rusa emocional).
- En el abdomen: el cliente ha sufrido un golpe que lo ha «dejado sin aliento».

- En el pecho: congoja o problemas del corazón o problemas pulmonares o respiratorios.
- En la barbilla: el cliente «levanta la barbilla» con orgullo, pero la procesión va por dentro.
- En las mejillas: el cliente ha sido impertinente o ha pasado vergüenza.
- En la mandíbula: el cliente ha sido terco.
- En los ojos: el cliente no está viendo las cosas con claridad.
- En la boca: el cliente se está dejando pisar; no se manifiesta.
- En los dientes: algo está corroyendo al cliente; es posible que quiera «extraer» ese elemento (desprenderse de ello).
- En el cuello: el cliente ha sido difícil u obstinado.

Estas sugerencias son solo una guía general. Cuando recibas señales corporales que no se mencionan aquí, pregunta a los custodios de los registros y a tu yo superior acerca de su significado. Cada lectura es única.

QUITAR LOS OBSTÁCULOS

A veces el cliente ha puesto obstáculos en su camino sin darse cuenta y otras veces los han puesto otras personas. Un cliente puede decir: «No estoy obteniendo lo que quiero; no me estás dando la información que te estoy pidiendo». En ocasiones, la persona alberga unas intenciones que no tienen nada que ver contigo. Tu respuesta siempre debe ser: «Entiendo lo que me está diciendo. Entiendo que me está preguntando esto: _____». Recuérdale a tu cliente que la lectura de los registros akáshicos no es de tipo *mediúmnico*. Puedes pedirle que piense en otra forma de hacer su pregunta.

En una ocasión, los custodios de los registros me dieron un nombre extraño como lugar de origen de mi clienta. Preguntó de nuevo si no venía de Orión o de las Pléyades. «No» fue la respuesta. Proporcionaron un nombre que no pude reconocer claramente; solo pude saber con seguridad que empezaba con la letra *a*. Más tarde, la clienta admitió que todos sus amigos eran de ese lugar, si bien sabía que no era su caso, de manera que me estuvo presionando para ver si le decía algo diferente. Otro cliente quería obtener detalles similares de los custodios y guías de los registros e hizo la misma pregunta, porque estaba embarcado en la misión de averiguar «quién había sido». ¿Lo quería saber para poder reivindicar algún tipo de trato especial?

En ocasiones puede ocurrir que no recibas absolutamente nada. En estos casos puedes preguntar a los custodios y guías de los registros y a tu yo superior, para tus adentros, si lo que está ocurriendo tiene que ver contigo como guía o si tiene que ver con tu cliente y lo que estás recibiendo por su parte. Los custodios te dirán si es conveniente efectuar un trabajo de limpieza. O puedes usar la oración para eliminar bloqueos que se encuentra al final del capítulo cuatro si esta es la solución recomendada.

Recientemente, un cliente me oyó en la radio y concertó una sesión privada conmigo. Prefiero saber poco o nada acerca de un cliente nuevo, ya que esto hace que me resulte más fácil sintonizar con su energía y apartar mi personalidad. No sabía de dónde venía, ni cómo supo de mí, ni por qué quería tener una sesión. Cuando abrí sus registros... ¡ahí no había nada! Le expliqué que esto nunca me había ocurrido en los comentarios de apertura, pero que tenía una manera de quitar los obstáculos. Utilicé la oración para eliminar bloqueos sintonizada con sus registros

akáshicos: una vez más, seguía sin haber nada. Pensé: «Hum...,
déjame intentarlo de nuevo». Cuando sintonicé con sus registros
por segunda vez tras repetir la oración, seguía sin haber nada.
Pensé: «¡Dios mío!, voy a devolverle el dinero si no puedo obtener nada en sus registros». Decidí probar una vez más y por fin
se abrió la energía. Ten en cuenta que había formulado la oración
nueve veces en ese momento (tres veces en cada intento). Después de proporcionar bastante información en los comentarios
de apertura, los custodios de los registros explicaron por qué no
había podido obtener nada. Debido a que me había oído en la
radio y estaba muy impresionado, dudó; pensó que nadie podía ser tan bueno. Pero quería creer que era posible, por lo que
decidió tener una sesión. Cuando los custodios de los registros
ofrecieron esta explicación, la aceptó enseguida.

Las emociones y los aceites esenciales

Las emociones dolorosas no resueltas crean fracturas y eri-
gen muros para proteger el corazón o el cuerpo emocional. Las
emociones desean completar su ciclo de expresión y liberación.
Están llenas de energía dotada de propósito. Las emociones deben expresarse lo suficiente como para que se liberen la presión
y el agobio contenidos en las emociones congeladas. Es posible
que tu cliente esté experimentando intensamente alguna de estas emociones:

- Vergüenza, que es la falsa creencia de que podríamos haberlo hecho mejor.
- Irritación, que representa la falsa creencia de que otros
pueden saber o hacer lo que nosotros sabemos o hacemos.
- Culpa, que es la sensación de que podríamos o debería-
mos haberlo hecho mejor.

Tal vez quieras utilizar los aceites de AroMandalas. Si bien es recomendable usar esencias puras, estas mezclas fueron canalizadas desde María Magdalena para ayudar a eliminar las heridas emocionales con mayor rapidez. La lavanda es un aceite bien conocido y ayuda a relajarse y calmarse. Una clienta estaba tan nerviosa que los custodios de los registros le indicaron que usara tres aceites diferentes en tres sesiones diferentes. A otros clientes no se les pide que usen ningún aceite. A veces ocurre que un cliente elige al azar un aceite que resulta ser justo el que necesita para desprenderse de sus emociones más significativas. Recuerda que solamente ofrezco una guía general; cuando recibas señales corporales que no se mencionan aquí, pregunta a los custodios de los registros y al yo superior acerca de su significado. Cada lectura es única.

Tabla 8.1. Indicaciones relativas a los dedos

DEDO	ENERGÍA	HERIDA	CLAVE	ACEITE SANADOR DE AROMANDALAS	
Pulgar/ Dedo gordo del pie.	Seguridad.	Inseguridad.	Chuparse el dedo.	Crystal Elohim [Elohim cristal].	Pertenencia.
Índice/ 2.º dedo del pie.	Autoestima.	Culpa y vergüenza.	Apuntar con el dedo.	OCTA.	Autoestima, aceptación.
Dedo corazón/ 3.er dedo del pie.	Pasión.	Ira exteriorizada.	«Que te j....», la vida es dura.	MerKaBa Mystique [MerKaBa místico].	Ira reprimida.
Dedo anular/ 4.º dedo del pie.	Amor.	Aflicción y pérdida.	Anillo (alianza).	Pyramid Echoes [Ecos de pirámide].	Ausencia de juicio.

DEDO	ENERGÍA	HERIDA	CLAVE	ACEITE SANADOR DE AROMANDALAS
Meñique/ Dedo pequeño del pie.	Paz.	Ansiedad.	Detalles de la vida/ Irritabilidad.	Angel Guidande [Guía angélica] / Fountain of Youth [Fuente de la juventud].	Empoderamiento/ Soltar.

También hay otras razones por las que puede ser que no obtengas buena información para un cliente o la claridad que estás buscando. Es posible que hayas perdido partes del alma que debes reclamar y recuperar. Las personas a menudo separan partes de sí mismas durante un suceso traumático para sentirse «normal». Pueden estar fragmentadas debido a situaciones y acontecimientos dramáticos ocurridos en vidas pasadas. Un trabajo de recuperación del alma puede ayudarte a recuperar con suavidad y facilidad tus partes dañadas y extraviadas. Puedes utilizar «Unify, A Soul Retrieval Meditation» [Unificación, una meditación para recuperar el alma], una práctica creada para recuperar por uno mismo las partes separadas del alma (disponible como un archivo en formato MP3 con instrucciones detalladas en mi sitio web), junto con cierta mezcla de AroMandalas, Unity.

MÁS SOBRE LOS COMENTARIOS DE APERTURA

Los comentarios de apertura los crearon los maestros ascendidos que favorecen el linaje en el que estoy. Ningún otro sistema de prestación de servicio a los clientes en los registros akáshicos capacita para recibirlos. Insistieron en que esperemos la información «recuperada» que ya está preparada para el cliente. Los comentarios de apertura no son «el orden del día» de los custodios y guías de los registros, sino la mera transmisión de información que el cliente está buscando cuando piensa en lo que preguntará durante la sesión. Es importante comprender que los mensajes destinados al cliente se envían a petición de él mismo. Aunque no haya formulado todavía ninguna pregunta en voz alta, ha consolidado su intención, y los custodios de los registros son complacientes.

Los comentarios de apertura te validan como canal de los custodios y guías. Cuando empiezas una lectura y efectúas esta descarga procedente de los *Lords* del akasha, has conectado con ellos y sus guías con una frecuencia clara. No puedes inventar nada, ya que no sabes nada sobre el cliente. (Obviamente, esto no es cierto cuando lees para amigos).

Es posible que los comentarios de apertura no tengan sentido para ti. Por ejemplo, a una clienta para la que leí se le dijo en esta fase preliminar que debía «ser una flor en un campo de campos». Busqué mayor claridad porque me preocupaba que esta metáfora instructiva fuera demasiado vaga. Los custodios de los registros atendieron mi petición y dijeron: «En otras palabras, si fueras una tienda de la Quinta Avenida [de Nueva York], serías una galería de arte». Más tarde, en la misma sesión, cuando preguntó sobre su misión, los custodios de los registros le dijeron que debía usar sus talentos y su formación. Cuando le pregunté en qué se había formado, me dijo que había ido a la facultad de Bellas Artes y era escultora. ¡No pude haber inventado eso!

Durante los comentarios iniciales con otra clienta, los custodios y guías de los registros anunciaron: «Estás al borde del precipicio y estás a punto de saltar. No sabes adónde vas, ni dónde aterrizarás, pero definitivamente vas a saltar». La clienta reveló al final de la lectura que esto era cierto, pero que la nueva aventura solo se iba a prolongar un par de meses. Los custodios y guías de los registros se rieron a través de mí y dijeron: «No lo creemos; va a durar unos dos años». Han transcurrido dieciocho meses desde esa lectura y esto es exactamente lo que ha sucedido. Esta clienta está trabajando en un gran proyecto en el que ha tenido que librar varias batallas menores con alguien. Honestamente, pensó que sería capaz de meterse y salir, y el asunto se está prolongando. Cuando las cosas se pusieron realmente mal, me dijo que escucharía esa grabación todos los días y que eso la ayudaría, pues le recordaría que ella iba a estar bien. A pesar de que aún no había hecho la pregunta, los custodios de los registros le dieron la información necesaria. Disponer de ella era lo que más la había motivado a buscar una lectura. Los custodios y los guías le dieron información sobre la preocupación más importante que tenía.

ABRIR LOS REGISTROS PARA OTROS GUÍAS Y EN OTROS ESCENARIOS

Te recomiendo encarecidamente que intercambies sesiones con otros guías de los registros akáshicos que cuenten con la debida formación. Puede beneficiaros leer el uno para el otro. De estos encuentros surge alegría, camaradería y conocimiento; os enriqueceréis con la sabiduría del otro. Podéis asesoraros mutuamente. No estáis compitiendo entre vosotros. Todos tenéis acceso, todos sois tratados por igual y todos sois amados continuamente. Cuando os conozcáis, os vais a derivar clientes entre vosotros. Esto se debe a que es posible que uno no sea la mejor opción para un determinado cliente y, en lugar de perderlo, recomendar a otro guía confirma lo equitativo que uno puede ser.

Este comportamiento ayuda a demostrar que todos somos servidores de la comunidad. A veces, es posible que seas el conducto a través del cual un determinado cliente conozca a una determinada persona.

En ocasiones, tal vez querrás abrir los registros cuando estés en una feria comercial. En estos contextos utilizo el proceso habitual para abrir los registros, con algunos pasos adicionales. Empiezo con esta oración:

Pido permiso para abrir los registros akáshicos de todas las personas con las que trabajaré durante este(a) _____ [en el espacio en blanco va el nombre del evento, feria, etc.].

Después sigo con la oración sagrada de los registros akáshicos destinada a abrir los registros de otra persona, como de costumbre. Pero en lugar de mencionar el nombre del cliente, digo algo así como «todas las personas que entrarán en contacto conmigo hoy para obtener información sobre los registros akáshicos». Luego, cuando la persona está frente a mí, escribo su nombre en el diario, me enfoco en él o ella, y empiezo.

9
LA CONGRUENCIA ETÉREA

Pasar a ser uno con el cosmos y
mensajes de los señores del tiempo

Ahora que has llegado a este punto, los guías de los registros akáshicos te felicitan por tu perseverancia. Tu deseo de saber y servir hará que cada vez profundices más en los registros akáshicos y que cada vez te sea más fácil acceder a ellos. Sin embargo, esto no significa que siempre puedas tener acceso a todo lo que se puede conocer. En ocasiones es posible que preguntes sobre algo que te interesa a pesar de no tener permiso para hacerlo. Normalmente, la razón por la que no tienes permiso es que se trata de los asuntos de otra persona.

Si bien en esas ocasiones no se te permite obtener información sobre tus familiares o vecinos (a menos que vivan contigo), sí puede ser que se te permita obtener información sobre el presidente de tu país, ya que tus preguntas conciernen a todos los ciudadanos (suponiendo que seas uno de ellos). En otras ocasiones, alguna información no está disponible para ti personalmente porque no te está permitido saber esas cuestiones. Y a veces la información no está disponible porque todas las personas implicadas aún no han tomado sus decisiones.

CREENCIAS

Debes estar dispuesto a que todos tus sistemas de creencias sean cuestionados. Como he mencionado anteriormente, cuando Edgar Cayce empezó a realizar el trabajo por el que es más famoso, era un cristiano tradicional y devoto que no creía en la reencarnación. Con el tiempo, a medida que fue recibiendo cada vez más mensajes canalizados, especialmente los que contenían información relativa a *sus* propias vidas pasadas que indicaba claramente que la reencarnación era una realidad, sus creencias fueron cambiando.

En otro ejemplo, una guía de ARI tuvo un problema sobre su propia valía y el hecho de ser valorada. Uno de sus clientes tenía un historial de comportamientos relacionado con su falta de poder sobre las mujeres, porque su esposa y sus hijas adultas lo desaprobaban y se burlaban de sus creencias espirituales, unas creencias que a él le satisfacían el alma. ¡Naturalmente, ese hombre y esa guía se atrajeron el uno al otro! A él le encantó la sesión que tuvo con ella. Sin embargo, el dispositivo de grabación de la guía falló, y él pidió que le devolviera el dinero.

Aconsejé a la guía que llevase a cabo un trabajo de *sanación y liberación emocional* respecto a sus propios problemas con el dinero antes de efectuar el reembolso. La sanación y liberación emocional es una versión moderna de una antigua herramienta de sanación conocida como *tapping* (golpecitos) sobre meridianos. Sus orígenes se encuentran en la antigua medicina china con el desarrollo de la *acupuntura* —una técnica de sanación en la que se ponen agujas en los *meridianos de energía* o senderos energéticos—, término utilizado por los practicantes de este método a través de las épocas. La sanación y liberación emocional es un procedimiento muy suave y efectivo para eliminar creencias y emociones profundamente arraigadas en el cuerpo, que consiste en una combinación de métodos destinada a soltar miedos y creencias limitantes. Una vez que la creencia o emoción limitante se muestra y la persona la suelta, desaparece para siempre. Si los patrones están profundamente incrustados, es posible que haya que soltar varias capas. Uno puede repetir una sesión tantas veces como le sea cómodo y necesite para soltar completamente las emociones no deseadas.

Durante la sesión que realicé con esa guía, su cliente envió un correo electrónico en el que decía que en realidad no necesitaba el reembolso completo que había solicitado, sino solamente un reembolso parcial, el correspondiente al coste de la grabación. Su trabajo energético cambió la realidad, lo cual se vio confirmado por el hecho de que ese cliente envió su correo en el momento exacto en que ella culminó su propia transformación en relación con los problemas que tenía con el dinero. Por tanto, nunca subestimes el trabajo que hagas para sanarte y mejorar: nunca se sabe cuándo vas a beneficiarte de ello; los resultados incluso pueden ser instantáneos.

Me asombra continuamente la información a la que podemos acceder *cuando* lo permitimos. Cuando abrí mis propios registros para ver qué querían que dijese en este capítulo final, me dirigieron a mi trabajo con los señores del tiempo. Se presentan como seres de dimensiones superiores que organizan y regulan la experiencia del tiempo, y están ayudando a los humanos a abrirse a los tiempos simultáneos. Originalmente, los humanos eran multidimensionales y podían viajar a través del tiempo y el espacio. El tiempo lineal fue una creación artificial destinada a evitar los tiempos simultáneos. Como se explica en mi libro *Despertar en la quinta dimensión*, los humanos han empezado a acceder a su conciencia de que existen múltiples líneas temporales y líneas temporales paralelas. Esta información me llegó mientras estaba impartiendo una clase sobre geometría sagrada y manifestación para mi libro *Be a Genie* [Sé un genio]. Incluso a mí me sorprendió lo que tenían que decir.

MENSAJE DE LOS CUSTODIOS Y GUÍAS DE LOS REGISTROS

Canalizado a través de Maureen

¿Qué es la matriz del tiempo?

Es una red que contiene puntos de unión y que conecta estos puntos intersecados con oportunidades y portales. La matriz del tiempo está entretejida en vuestro ADN y, por lo tanto, desengancharse es una forma de estar más que una opción de estar. Esto significa que podéis elegir salir de los patrones que refuerzan el tiempo que se os está imponiendo y desconectar de vuestra necesidad de saber siempre qué hora es, de cuánto tiempo disponéis, etc. (vuestra forma de estar).

En lugar de ello, podéis permitir que la atemporalidad se mueva a través de vosotros, para que podáis sentir oportunidades e instrucciones procedentes de vuestra sabiduría interior que no oiríais, sentiríais o veríais de otro modo. Ignoraríais esta información tan valiosa en vuestro presunto conocimiento del tiempo, porque vuestra mente la ignoraría o filtraría.

La diferencia entre una forma de estar y una opción de estar es la siguiente: una forma de estar (salir del tiempo) consiste en dejar de usar relojes: prescindir del despertador, del reloj de pulsera y del reloj de la pared para tener una experiencia más agradable de la realidad sin estar pendiente de un elemento identificador del tiempo. Una opción de estar consiste en un compromiso menos estricto con esta transformación relativa al tiempo: decides no llevar reloj hoy pero sí otros días, o no usar una alarma algunos días, pero no todos los días. Es posible ir entrando gradualmente en esta dinámica.

¿Qué es la matriz energética?

Es el campo que permite capturar y dirigir el flujo de chi (energía). Los humanos usan la matriz energética de muchas maneras. Cuando se conducen con integridad, se alinean fuertemente con la matriz energética. Cuando cuidan bien sus cuerpos y siguen los ritmos circadianos que deben seguir, crean una conexión con la matriz energética. ¡El tiempo no es el culpable! Dejad de considerar que las experiencias históricas son la razón de vuestras dolencias, como cuando decís que no estáis bien porque no tomasteis las pastillas por la mañana, o que los pies siempre se os hinchan en los vuelos largos. También es posible dirigir la matriz energética o dirigir la energía a través de la matriz con un entrenamiento intencional en el manejo de la energía.

TRABAJAR CON LOS SEÑORES DEL TIEMPO

También puedes trabajar con los señores del tiempo. Abre tus registros akáshicos y formula las siguientes preguntas antes de leer el próximo material ofrecido, vía canalización, por los señores del tiempo.

Ejercicio 9.1

PREGUNTAS SOBRE EL TIEMPO Y LA VIDA

Custodios y guías de los registros, ¿cuál es el significado del tiempo?

Custodios y guías de los registros, ¿cuál es el significado de la vida?

Custodios y guías de los registros, ¿cómo puedo manifestar la vida de mis sueños?

Tómate tiempo para explorar estos mensajes procedentes de tus propios guías antes de examinar el contenido que sigue. Deja que tu propia información sea tu luz guía y permite que las respuestas ofrecidas por los guías akáshicos de otras personas sean información que puedas incorporar a tu bagaje.

MENSAJE DE LOS SEÑORES DEL TIEMPO
Canalizado a través de Maureen

El tiempo

Somos los señores del tiempo desde más allá de los registros akáshicos. Apenas estáis empezando a comprender que podéis manipular el tiempo. El primer paso es que os deis cuenta y permitáis. Este canal [Maureen] tiene la capacidad de hacerlo. Ella puede ver claramente que el tiempo es un constructo; el tiempo no es movimiento. El tiempo es una alusión, no una ilusión. [Maureen señala: creo que quieren decir que es un punto de referencia, no una matriz inamovible].

Es un medio para separar el flujo del eterno ahora. Este constructo fue creado para permitir la individuación. Cuando los humanos se desarrollaron más, trataron de entender el tiempo como si fuera algo mecanizado, mecánico, una máquina.

Y os decimos que la mera alteración de vuestro concepto para permitir que sea cierto el hecho de que puede existir más de una versión de la realidad os libera de este yugo. Vosotros buscáis hacer más. Este paso de permitir dos versiones es solo el comienzo. Os pedimos que percibáis vuestros pensamientos y os percibáis a vosotros mismos; esto os permite separarse de vuestros pensamientos y cambiarlos. Cuanto más percibís, más poderosos os volvéis. Cuando os deis cuenta de que sois mucho más poderosos de lo que creíais, continuaremos brindandoos herramientas para vuestra mente a través de este canal. También os proporcionaremos una sintonización que os ayudará con este proceso. Utilizad siempre vuestra conexión divina antes de manipular el tiempo y el espacio. De esta manera, siempre formaréis parte de la creación divina. Eso es todo.

Meditación de sintonización

Queremos que imaginéis gotas de lluvia que fluyen hacia arriba desde vuestro cuerpo. Dejad que se alejen flotando. Es una imagen extraña, sin duda. Permitíos ver cómo gotas de lluvia se desplazan «en sentido inverso». Permitid que estas gotas eliminen cualquier limitación que os estuviese impidiendo realizar los deseos de vuestro corazón, vuestro plan divino. Observad que os sentís más ligeros. Volveremos.

CAMBIA TU HISTORIA

Anteriormente mencioné la posibilidad de que pudieras cambiar los comportamientos que exhibes en tu realidad al cambiar tu historia en los registros. Al tener una sesión en los registros akáshicos con un cliente o contigo mismo, puedes cambiar la historia si lo solicitas, comprendiendo el uso del tiempo y la matriz. Esto es absolutamente increíble. Y hay mucho más: puedes empezar a entender la naturaleza del tiempo de la mano de los custodios de los registros y de Dios.

Puedes examinar el tiempo desde el punto de vista del pasado, lo que significa que a partir de este momento puedes mirar hacia atrás en el tiempo y trazar una línea recta desde el momento actual hasta ese momento pasado. El futuro no existe desde el punto de vista del ahora, pero puede considerarse como una de las múltiples posibilidades que podemos experimentar o que es probable que experimentemos.

Experiencias multidimensionales

Estaba en una sesión con los registros akáshicos para una clienta. Mi traductora del chino estaba conmigo en Taiwán. Con el fin de mejorar su traducción de la información procedente de los custodios de los registros, siempre construyo un puente energético con mi traductora para estas sesiones, lo que le permite conectarse conmigo en el nivel del yo superior mientras recibo la información por parte de los custodios de los registros. Es un sistema muy efectivo, que posibilita que la traductora sienta mi energía en tiempo real. Durante esa sesión, apareció un punto decisivo que los custodios de los registros de la clienta identificaron para ella. Estaba atrapada en un sistema de creencias que la limitaba y la hacía sentir emocionalmente fatal.

Los custodios de los registros le dijeron, a través de mí, que no tenía por qué aceptar esa versión de la realidad tal y como la había definido y le mostraron una versión que era mucho más agradable para ella y que la liberaría de esa creencia limitante. Tuvo un momento «¡Ajá!»; permitió que le presentaran esa versión de la realidad, la tomó en consideración, y luego soltó su anterior forma de ver las cosas y se adueñó al instante de la nueva versión.

En ese momento ¡vi y sentí que la habitación se movía! Literalmente se balanceó y cambió, como si hubiera pasado una ola a través de ella. Creí que se trataba de un terremoto; al fin y al cabo, estábamos en Taiwán, en una planta dieciséis. Miré a mi traductora y asintió; ella también lo había notado.

Más tarde, cuando entramos en Internet para conocer el grado de gravedad del seísmo, descubrimos que no había habido ningún terremoto. Mucho más tarde, mientras estaba en los registros akáshicos para mí misma, pregunté qué habíamos presenciado. Mis custodios de los registros respondieron: «Fuiste testigo de un cambio dimensional para ti y la clienta en el momento en que pasó de una línea temporal a otra». Pregunté si se había tratado de una actualización dimensional suya o mía, y esta fue la respuesta: «Ella es la que necesitaba el cambio y tú sostuviste el espacio para ella. El fenómeno fue visible para ti (y tu traductora) a causa de tu energía y de la capacidad que tienes de sostener y transportar múltiples frecuencias dimensionales. Al ser testigo de ello y preguntar ahora sobre eso, has expandido tu propia expresión».

En otro ejemplo, creo que esto es lo que sucedió en el monte Shasta, un día de agosto de 2016, con Corey Goode, conocido miembro del Programa Espacial Secreto y popular personalidad de Gaia Television, en su primera presentación en solitario.[1] Estaba explicando sus orígenes y vi que retiraba ligeramente su energía; a continuación se relajó y anunció que venía de la Alianza Esfera Azul.* Creo que se sintió guiado a revelar esto, ya que de alguna manera se conectó con su «compañera de remolino,

---

* Grupo de seres extraterrestres procedentes de dimensiones elevadas que tienen la intención de contribuir a la ascensión de la humanidad (N. del T.).

Karee»* y, al anunciarlo, se *adueñó* de ello. En ese instante se produjo el tsunami energético. Creo que, en ese momento, hacer pública esa información cambió la realidad lo suficiente para que él se trasladara a una expresión dimensional superior de sí mismo.

UNAS PALABRAS SOBRE LA QUINTA DIMENSIÓN

El interés mundial por los registros akáshicos se ha disparado. Se pusieron a disposición de toda la humanidad en lo que fue una autorización especial. La inhumanidad del hombre hacia el hombre está tocando a su fin. Tu parte puede incluir aprender a abrir los registros akáshicos para ti y para otras personas. Puedes encontrar más información y orientación en www.AkashicRecordsGuides.org.

---

* Karee es un ser intraterreno con el que Corey ha estado interactuando para que el Programa Espacial Secreto sea totalmente revelado a la humanidad y para su capacitación subsiguiente.

Epílogo
UNA EXCEPCIÓN A LA REGLA

Existe la infrecuente posibilidad de que falte una determinada información en los registros akáshicos, que esté escondida. Esconder información a los registros solo pueden hacerlo, mediante consentimiento mutuo, seres muy evolucionados y poderosos con el propósito de crear un misterio o difundir una mentira.

Empecemos por ofrecer una explicación sobre los templarios. Los caballeros templarios eran una hermandad secreta que recibió la bendición del papa después de crear una organización destinada a proteger los caminos que llevaban a Tierra Santa desde Francia, España y todas las partes de Europa. También tenían la misión de evitar que los peregrinos fuesen asaltados en el camino que conducía a Tierra Santa que se había abierto después de las cruzadas. Se convirtieron en proveedores de servicios y banqueros, y se hicieron muy ricos: si hay muchos viajeros y se les proporciona un servicio, es fácil ver que esto puede generar riqueza, como ocurre hoy en día. Esta realidad acabó por representar una amenaza para el rey de Francia, ya que los templarios se habían convertido en los principales prestamistas de toda la realeza europea, incluido dicho rey. Pero esta es otra historia.

Además de proteger el camino a Tierra Santa, los templarios protegían a la familia del grial y los secretos del grial. La familia del grial es la descendencia directa, o el linaje, de María Magdalena y Jesús, conocido como los merovingios.

Los templarios tomaban votos, pero no los mismos que los sacerdotes. Ante todo, eran guerreros y protectores. Uno de esos votos era abstenerse de casarse. Esto no significaba que no tuvieran relaciones sexuales ni amadas; significaba que no se casaban con ellas. Sin que lo supieran la mayoría de las personas, los templarios tenían mujeres en sus vidas. Estas vivían en comunidad y eran consideradas «amigas» de los templarios.

Los templarios también tenían la misión secreta de descubrir el tesoro escondido del rey Salomón, el cual se cree que está enterrado en el templo de Salomón. Se puede encontrar una buena cantidad de información al respecto en el libro *La clave masónica: los símbolos secretos*, de Christopher Knight y Robert Lomas.[1] Estos dos ejecutivos del ámbito de la publicidad y masones decidieron encontrar los orígenes de Hiram Abif, esencialmente para acabar de desentrañar el misterio que había detrás de la historia de sus iniciaciones masónicas (aquellas por las que ellos tuvieron que pasar).

Hiram Abif es el personaje central de *La clave masónica* y el objeto de ataques de los secretos de los templos [sic]. Históricamente, fue abordado a traición por uno de sus alumnos. En la recreación de la ceremonia masónica, los masones instruyen sobre la lealtad, la honestidad, la integridad y el mantenimiento de secretos. La primera iniciación en la logia masónica consiste en que el aspirante actúe como si fuera Hiram Abif y pase por sus tribulaciones. Hay simulacros de ataques y resistencia a la tortura con el fin de que el aspirante demuestre que está capacitado para no revelar secretos.

EL MISTERIO DE MARÍA MAGDALENA

Una de las mujeres con las que trabajé personalmente escribió un libro sobre María Magdalena. Cuando, de niña, escuchó la versión de la escuela dominical de la historia de Jesús y sus predicaciones, levantó la mano y le dijo al profesor: «¿Por qué nos dice esto? ¡Jesús y María se casaron y tuvieron una hija!». Acto seguido se desmayó. Cuando se despertó, el profesor de la escuela dominical mandó a esa niña de cinco años a permanecer de pie en una esquina. Cuando llegó a casa ese día, le dijo a su madre que no volvería a ir a la escuela dominical. Su madre le preguntó por qué, y ella le contestó: «Porque nos cuentan cuentos de hadas y no nos dicen la verdad». A partir de ese momento asistió a la iglesia con sus padres y evitó totalmente la escuela dominical.

En algún momento, su padre planteó algunas cuestiones que sentía en su corazón al sacerdote, quien no pudo darle respuestas. Él y su esposa se convirtieron en los primeros practicantes de la meditación trascendental en Canadá. Son dos personas extraordinarias, que aún están vivas (tienen más de ochenta años) en el momento en que estoy escribiendo estas palabras.

LA PERPETUACIÓN DE UN MISTERIO

Se colocó un registro vacío en los registros akáshicos con el propósito de ocultar la verdad sobre la historia de María Magdalena y Jesús. La forma en que se ocultan registros es a través de la emoción. Cuando hay una emoción muy, muy fuerte, se pueden producir verdaderas rasgaduras en los registros akáshicos, como cuando se rasga un pedazo de tela. Cuando esto sucede, se dice que tenemos una grieta o rasgadura en el tejido de la realidad. Los rasgones dejan un agujero, lo que proporciona una oportunidad para incorporar información que no habría encajado de otro modo. Puedes leer más sobre las emociones y las rasgaduras en una entrada de mi blog.[2]

¿Por qué querrían ambas partes perpetuar una mentira? Había una heredera, una mujer, y necesitaba contar con protección. La Iglesia estaba combatiendo las tradiciones que tenían implantada la gobernación por descendencia. Si se pudiera demostrar que Jesús tenía una heredera, eso la convertiría en la cabeza de su Iglesia. Pedro, uno de los doce apóstoles, sintió con mucha fuerza que el jefe de la Iglesia debía ser un hombre, de manera que se fue al oeste, a Roma, y fundó lo que hoy conocemos como Iglesia católica. Ambas partes tuvieron su papel en la eliminación del registro: los propios templarios, así como lo que ahora era la Iglesia católica romana, tenían razones para ocultar la verdad sobre Jesús y María Magdalena. Constantino hizo un pacto con el papa y empezó la romanización de la Iglesia cristiana, con lo cual hubo incentivos adicionales para mantener ocultos los secretos sobre María Magdalena.

Margaret Starbird, autora de muchos libros sobre María Magdalena y la historia de la Iglesia, cuenta una historia interesante. Estaba cenando con su marido y otras dos parejas procedentes de Francia.[3] Todos hablaban inglés, excepto la esposa de uno de los hombres franceses, que hablaba alemán y francés. Margaret, estadounidense, hablaba el alemán con fluidez y estaba sentada a su lado.

Las dos mujeres estuvieron hablando en alemán durante toda la velada. Margaret descubrió que su interlocutora vivía en la región del Languedoc, en el sur de Francia. Margaret había participado en un viaje de descubrimiento de la verdad acerca de María Magdalena que había sido expuesta en el libro *El enigma sagrado*, de Michael Baigent, Richard Leigh y Henry Lincoln.[4] Como católica devota, se sintió indignada por la suposición (expuesta en el libro) de que María Magdalena y Jesús estuviesen casados. Le preguntó a la mujer francesa si había algo de verdad en esa historia sobre María Magdalena, y su respuesta la dejó atónita: «¡Por supuesto! En el sur de Francia, *todo el mundo* sabe que Jesús y María estaban casados». ¡Esta información era de dominio público! A Margaret no se le había ocurrido que pudiese ser algo totalmente sabido por la gente corriente, aunque la Iglesia lo negase.

Fue en el Languedoc donde se originó la Iglesia de María, y esta es la respuesta obvia a por qué todos los habitantes de la región conocen la historia de María Magdalena y Jesús. La Iglesia de María (Magdalena) y el sistema de creencias de los cátaros (un grupo cristiano primitivo ubicado en el sur de Europa) están tan estrechamente entrelazados y son tan similares que es imposible considerar que no eran lo mismo. Las enseñanzas de los cátaros coincidían con las enseñanzas cristianas primitivas, lo cual quedó demostrado con el descubrimiento del Evangelio de María y los otros textos de los manuscritos del mar Muerto. Sencillamente, los primeros cristianos tenían las mismas creencias que los cátaros porque estos fueron los primeros cristianos de Francia.

El martirio de los cátaros constituye una parte importante del trauma emocional que desgarró el tejido emocional de la realidad y, por tanto, los registros akáshicos. Este trauma emocional se debió al hecho de que sus familiares y seguidores descendían de los cátaros de la Iglesia de María, que se inició en Francia con María Magdalena y Jesús, según parece, y fue perpetuada por su familia y seguidores.

En uno de los episodios de exterminio de los cátaros en favor del catolicismo romano, había veinte mil personas en una fortaleza cuando fue incendiada completamente, con la consecuencia de que todas perecieron. Tal vez ahora puedas ver cómo pueden rasgarse los registros y crearse un vacío donde no debería haber ninguno. ¿Qué podría insertarse en esos momentos? Una chica salió y se llevó la verdad con ella. Y creo que también llevaba consigo el *fragmento de cristal* del que hablaré enseguida.

Lo que sucedió en esos tiempos es la razón por la cual se ocultó la verdad sobre Jesucristo y María Magdalena. La verdadera historia no pudo salir a la luz. Ambas partes estaban deseosas de ocultar la verdad. Muchos seguidores pasaron a la clandestinidad y la Iglesia, victoriosa, quería controlar a las masas.

A una clase que impartí asistió otra mujer, Eliona, una descendiente directa de María Magdalena y Jesús a quien se le dio la oportunidad de reparar esta «rasgadura» que había en la realidad. No supe que pertenecía a ese linaje hasta que se desarrollaron los acontecimientos.

Eliona también había tenido el recuerdo de una vida pasada en la que había sido la hija de la unión de Jesús y María Magdalena. Inicialmente, un grupo misterioso contactó con ella en sueños. Después de este contacto onírico, conoció «por casualidad» al jefe de la Iglesia de María; acudió a una charla que impartió en un evento público. Unos amigos la presentaron y ella se sintió atraída energéticamente hacia él, sin saber quién era ese hombre o que formaba parte de un grupo que se encontraba detrás de una «organización pantalla». Su encuentro y su unión no tuvieron nada de azaroso desde una perspectiva espiritual. Cuando investigó su propia genealogía, Eliona descubrió que, efectivamente, formaba parte de esa familia sagrada. Ella y él tenían la misión de tener un hijo y abrir al público esa organización secreta, esa iglesia secreta.

Se casaron en secreto. Él también era descendiente directo de ese linaje y era conocido como el patriarca de la Iglesia de María, un cargo muy oculto dentro de una sociedad secreta muy esotérica. La Iglesia de María es tan impenetrable que se encuentra detrás de una organización tapadera. Este hombre, a quien llamaré William, y la mujer, Eliona, debían consumar su unión para remendar el rasgón que seguía existiendo en el tejido de la realidad. Ella accedió a ciertas cosas que le pidieron, pero no estaba dispuesta a hacer otras que él le exigía. Ocurrió algo que la desilusionó hasta el punto de que abandonó el matrimonio y la misión. Después de eso, se sintió muy angustiada; sintió que había fracasado en su misión de arreglar esa rasgadura y revelar la verdadera historia de María Magdalena y Jesús. Esto la hizo tomar conciencia de que tenía un fragmento de vidrio en el corazón.

Eliona asistió a un par de clases conmigo basadas en mi trabajo. Solo se había inscrito en dos de las tres clases disponibles y debía conducir tres horas para volver a casa. A la madrugada siguiente, la despertaron a las cuatro y le indicaron que regresara y asistiera a la siguiente clase. Sus guías le dijeron que por fin podría librarse del doloroso fragmento que había mantenido en su corazón. Hacía mucho tiempo que Eliona llevaba ese fragmento energético; había intentado deshacerse de él, pero no había tenido éxito en este empeño.

Sabía que moriría si se lo quitaba. Le dolía casi todo el rato. Pero en esa ocasión sus ángeles le dijeron que había llegado el momento, que yo podría ayudarla a lograrlo sin que muriese. En cambio, en todos los otros intentos que había hecho de sacarlo, le habían dicho que su vida estaba en juego.

Hasta este momento, en mi taller tenía al grupo trabajando en equipos, y de pronto me llamaron con urgencia. A Eliona le habían dicho que yo podía ayudarla a librarse de ese fragmento. Me quedé asombrada, ya que el espíritu no me había dicho nada hasta ese momento, pero tan pronto como estuve cerca de ella, recibí instrucciones claras y precisas. Quité el fragmento y en ese instante, todo lo que quiso hacer fue apartarlo.

Como madre, sé lo que es dar a luz con dolor. Empujar a un bebé por el canal del parto hace que quieras desistir, pero tan pronto como te ponen a tu hijo encima y empieza a mamar, todo cambia.

Comprendí que ella no quisiese saber nada de aquel fragmento; sin embargo, recibí unas instrucciones muy claras: «Esto tiene que ir a alguna parte». Sabía que no era un trozo de vidrio; pude ver claramente que era un cristal.

—¿Puedes ver lo que es?

—Veo que es un cristal.

—¿Puedes ver adónde tiene que ir? —Siempre le pido al cliente que dirija la acción, así que empecé a hacerle preguntas. Como facilitadora, quería confirmar sus apreciaciones, no imponerle las mías, así que le dije—: Míralo de nuevo. Tiene que ir a algún lugar y contiene un «registro» de algo...

Tenía la esperanza de que ella lo anunciase en lugar de que yo le dijese lo que veía o qué debía hacer. Finalmente dijo:

—Tiene que ir en la rejilla.

—¿Puedes ponerlo ahí?

—Sí.

Tras oírse decir eso, permitió que se insertara en una rejilla. No era la rejilla de la conciencia crística, sino otra que estaba inmediatamente debajo de esta; yo la llamo la rejilla de María Magdalena, y otras personas la conocen como la rejilla del grial. Es la verdadera historia de la vida de Jesucristo ¡y estaba oculta debajo de la rejilla de la conciencia crística!

Este paso inicial de colocar esa «llave» o fragmento de cristal, que tenía un código numérico muy preciso, fue como colocar la última pieza en un puzle y hacer que encajara perfectamente. Esto hizo que toda la rejilla se iluminara (como un árbol de Navidad) desde esa posición en todas las direcciones; la luminosidad se extendió desde ese punto por toda la rejilla, como una carga eléctrica que la activó completamente. El registro que contenía era la historia oculta de la vida de Jesús y María Magdalena. Acto seguido, la rejilla se fusionó con la de la conciencia crística. Cuando les conté esta historia a mis alumnos, varios de ellos pudieron ver lo que yo podía ver: la rejilla del grial se estaba fusionando con la rejilla de la conciencia crística.

Hasta ese momento, Eliona no sabía que su misión podía incluir un «plan alternativo». En esa ocasión, también se le dio a elegir entre «quedarse o irse» (morir en ese momento), ya que reconoció que había completado su misión. Lo describe como «entrar en comunión con Dios Padre-Madre y decidir si permanecer encarnada o abandonar este plano de la existencia». Se le recordó la posibilidad de regresar como esposa y madre.

Como acompañante suya en ese trabajo tan potente, yo sabía que decidiría regresar. Sin embargo, había otros amigos suyos presentes que no sabían que volvería y estaban muy preocupados. Fue una de esas oportunidades de abandonar el cuerpo con que los humanos se encuentran periódicamente. Rechazó irse, y actualmente sigue viviendo entre nosotros.

Esta parte de la misión se completó en septiembre. Más tarde, ese mismo año, durante un viaje sagrado de María Magdalena,

Eliona, mi grupo y yo celebramos una ceremonia en la cueva de Betania, una cueva sagrada ubicada en los Pirineos franceses donde María y los seguidores de la Iglesia de María habían realizado muchas ceremonias. La ceremonia y las activaciones que llevamos a cabo aparecen descritas en mi libro *Despertar en la quinta dimensión*; Eliona, como miembro del linaje de Jesús y María, usó su autoridad para cambiar la orientación de la misión de los hombres y las mujeres: estos pasaron de ser los *custodios del grial* a ser los *defensores del grial,* y las mujeres pasaron de ser las *amigas del grial* a ser las *compañeras del grial.*

Los custodios eran hombres que habían estado al servicio del grial. En esta ceremonia se los liberó de la responsabilidad de proteger el grial (o la descendencia) de Jesús. Como defensores, habían completado su misión por toda la eternidad. Recuerda que los templarios sabían mucho sobre los secretos de las leyes ocultas y las practicaban. Su voto de custodiar el grial se extendía a toda la eternidad, no solo a una vida, y esta ceremonia los liberó totalmente. Esto cambió la energía en cada uno de nosotros, en toda la humanidad. Ahora, los hombres no necesitan «seguir» y servir a un maestro o líder o cumplir una «misión». Esto permite que la realización personal ocupe el lugar de estos comportamientos.

Y las mujeres se «graduaron» como amigas del grial para pasar a ser compañeras del grial. Habían sido «amigas» porque no habían podido ser esposas, debido a la necesidad de mantener el secreto. Recuerda que los hombres eran conocedores de unos secretos muy importantes y si la familia de un hombre fuese capturada y torturada, sería mucho más probable que entregara información para protegerla. La «graduación» mencionada significa que la mujer afirma su poder como igual a su compañero tanto en el aspecto espiritual como en el mental, como esposa y amada. Ahora la última parte de la rejilla del grial estaba en su lugar y reflejaba con precisión la verdadera vida de la familia del grial; y la rejilla del grial podría fusionarse completamente con la rejilla de la conciencia crística.

Volviendo a la historia de Eliona, medité sobre todo esto y pensé que los registros akáshicos, de alguna manera, habían alojado una mentira. No podía comprender cómo algo así había sido posible. Aunque en realidad no se trataba de una mentira sino de una falta de información, como si se hubiera borrado la historia verdadera y hubiese quedado libre un espacio en el que pudiese haber cualquier contenido, si bien nada excepto la verdad podría encajar perfectamente en dicho espacio. Este encaje perfecto tuvo lugar cuando el fragmento de cristal alojado en el corazón de Eliona se colocó en la rejilla.

Ahora, el nuevo registro ya estaba en su lugar. En los años siguientes, el libro *El código Da Vinci*, de Dan Brown, se convirtió en un éxito de ventas, con unos ochenta millones de ejemplares vendidos.[5] La Iglesia católica y otros criticaron la trama. Ciertamente, se trata de un libro de ficción, pero la posibilidad de que Jesús y María Magdalena estuvieran juntos aparecía demostrada en algunos de los primeros escritos cristianos y en la propia historia de los cátaros y, según mi experiencia, en los registros akáshicos.

Apéndice A
CÓDIGO ÉTICO

Estoy de acuerdo en sujetarme a los principios siguientes:

- Acepto no solicitar clientes para las lecturas. Puedo promocionar mi trabajo y publicitarlo, pero no les sugeriré directamente a los clientes potenciales que hagan una lectura conmigo. Sí es aceptable que los clientes potenciales sepan que hago este trabajo y que conozcan mi formación y mi disponibilidad.
- Acepto que el objetivo principal de las sesiones en los registros akáshicos es el *crecimiento del alma*, tanto en lo que respecta al cliente como a mí mismo(a).
- Estoy de acuerdo en respetar la total confidencialidad de la información relativa a mis clientes.
- Siempre pido permiso para estar en los registros akáshicos. Esto es especialmente importante, como acto de

humildad, cuando abro mis propios registros. Esto me permite tener un comportamiento íntegro en todos los casos.

- Acepto abrir regularmente mis propios registros para que ello me ayude a resolver problemas y dilemas que puedan surgir en relación con mi propio trabajo.
- He finalizado mis cuarenta y cinco días (como mínimo) de trabajo de práctica con el yo superior, y estoy de acuerdo en seguir trabajando con él para obtener mayor precisión y recibir apoyo por parte de mis canales de sabiduría.
- Acepto utilizar siempre el protocolo de los guías de los registros akáshicos de la forma apropiada. (Diré la oración para abrir los registros una vez en voz baja y dos veces más para mis adentros usando el nombre legal del cliente).
- Acepto promover activamente el trabajo de Akashic Records Guides International y Akashic Records Guides Training, además del trabajo de los otros guías certificados.
- Acepto esforzarme para encontrar una solución mutuamente beneficiosa y centrada en el corazón para resolver cualquier disputa que pueda surgir.

Apéndice B
ORACIÓN RECTORA PARA LOS GUÍAS DE LOS REGISTROS AKÁSHICOS

Declaración rectora

Soy y seré siempre un ser de luz muy apreciado. Soy parte de un todo mayor, al servicio de la humanidad. En el trabajo que he sido llamado a realizar en esta vida, elijo mantener la pureza y el propósito de mi alma. Al hacerlo, brillan la paz y la armonía de mi verdadero ser, y practico mi vocación con agudeza, responsabilidad e integridad. Puesto que confío en lo que soy, confío en todo lo que es.

Mis ofrecimientos como guía se expanden hacia el exterior y mi amorosa luz se vierte sobre la organización ARI, al igual que la luz amorosa del colectivo que formamos se vierte sobre mí y expande mi ser. Con esta conexión que va más allá de cualquier individuo, nosotros, los guías de ARI, conformamos una constelación de luz amorosa para brindar el mayor bien a nuestros clientes, a nuestra organización y a nuestro valioso y hermoso mundo. Este es nuestro legado; esto es lo que somos, esto es el YO SOY.

Apéndice C

PROTOCOLO DE NIVEL 1 PARA ABRIR LOS REGISTROS AKÁSHICOS

Los siguientes libros de Maureen St. Germain te serán útiles cuando practiques el protocolo de apertura de los registros akáshicos:

- El que tienes en tus manos, *Abrir los registros akáshicos*.
- *Beyond the Flower of Life* [Más allá de la Flor de la Vida]. Los capítulos dos y tres te ayudarán con el trabajo de apertura del corazón; los capítulos cuatro y cinco, con la conexión con el yo superior.
- *Reweaving the Fabric of Your Reality* [Hilar de nuevo el tejido de tu realidad].

Protocolo para abrir los Registros Akáshicos, nivel 1

Abre tus registros al menos tres veces a la semana para practicar.

Acuérdate de no cruzar los brazos ni las piernas. Te pido que tampoco te sientes en la postura del loto. El hecho de no cruzar entre sí ninguna parte del cuerpo tiene una repercusión sustancial.

Tal vez te apetezca utilizar un cristal apropiado. Recomiendo el cuarzo transparente y muy especialmente el cristal *faden*.

Abre los registros con cualquier oración de apertura con la que te sientas cómodo. Muchas personas usan la oración de apertura que incluyo en el libro *Reweaving the Fabric of Your Reality*; también puedes usar la siguiente, que es más simple:

Querido Dios, te pido que este día sea bendecido. Me ofrezco a mí mismo(a) en agradecimiento y como servidor(a) de la luz. Les pido a mis ángeles, guías y maestros espirituales que encarnan la luz de Dios en un cien por cien que me ayuden de cualquier manera posible, de todas las maneras posibles.

A continuación, usa la oración sagrada para abrir los registros akáshicos.

Emplea la primera oración sagrada que se ofrece a continuación para abrir los registros para ti. Cuando estés preparado para leer para los demás, utiliza la siguiente versión de la oración sagrada, la concebida para abrir los registros de otra persona. En cualquier caso, usa la oración sagrada de la siguiente manera:

- Busca tus indicadores (es decir, las señales que te confirman que estás en los registros akáshicos).
- Lee la oración en todos los casos. No la memorices.
- Mantén siempre los ojos abiertos durante toda la sesión, ya que ello te ayudará a permanecer concentrado y alerta.
- Acuérdate de no cruzar los brazos ni las piernas.

• Di la oración tres veces. La primera vez, lee lo que está escrito en voz alta. Las veces segunda y tercera, léela en silencio, sustituyendo lo que está subrayado por lo que está entre corchetes y añadiendo tu nombre o el de la otra persona en los espacios en blanco.

Oración sagrada para abrir los propios registros akáshicos

Llamo al gran director divino, a Lord *Sanat Kumara y a la diosa de la libertad para que supervisen mi trabajo en los registros akáshicos. Le pido a mi yo superior que me ayude a estar en mi conciencia de la quinta dimensión.*

Le pido a Dios (o a la Fuente) que disponga su escudo de amor y verdad a mi alrededor *[alrededor de _____] permanentemente, para que solo existan el amor y la verdad de Dios entre vosotros y yo.*

Invito a los Lords *de los registros akáshicos a permitir que* mis maestros, instructores y seres queridos *[los maestros, instructores y seres queridos de _____] puedan canalizarse a través de mí, desde los reinos que están compuestos por la luz de Dios en un cien por cien, para decir lo que quieran.*

Oración sagrada para abrir los registros de otra persona

Llamo al gran director divino, a Lord *Sanat Kumara y a la diosa de la libertad para que supervisen mi trabajo en los registros akáshicos. Le pido a mi yo superior que me ayude a estar en mi conciencia de la quinta dimensión.*

Le pido a Dios (o a la Fuente) que disponga su escudo de amor y verdad alrededor de usted *[_____] permanentemente, para que solo existan el amor y la verdad de Dios entre usted y yo.*

Invito a los Lords *de los registros akáshicos a que permitan que los maestros, instructores y seres queridos de* usted *[_____] puedan canalizarse a través de mí, desde los reinos que están compuestos por la luz de Dios en un cien por cien, para decir lo que quieran.*

Pido permiso a los Lords *de los registros akáshicos para poder mirar dentro de los registros de* usted *[_____] y revelar la información que se me permita.*

Cuando abras los registros para ti

Pide siempre permiso para estar en los registros ese día.

Cuando hayas terminado de formular la oración la tercera vez, di: «Mis registros ya están abiertos».

Escribe la fecha y la pregunta y la respuesta en tu diario.

Cierra los registros cuando hayas acabado de escribir las respuestas a las preguntas anteriores formulando la siguiente declaración en voz alta: «Doy las gracias a los custodios de los registros. Amén, amén, amén».

Di: «Mis registros ya están cerrados».

Nunca mantengas los registros abiertos si no estás trabajando en ellos.

Lleva siempre contigo una copia de la oración. Tal vez quieras tenerla en tu teléfono móvil. Y guarda una copia en cada habitación de tu casa, en el bolso, en la billetera, etc.

Practica este protocolo tres veces a la semana o más.

NOTAS

Prefacio. LA LLAMADA
1. Edgar Cayce, lectura núm. 2.533, 8.ª sesión.

1. LA ELEVACIÓN DE TU MUNDO
1. Esta cita ha sido traducida directamente del original inglés tal como la reproduce la autora. Fuente: Ervin Laszlo. (2009). *The Akashic Experience: Science and the Cosmic Memory*. Rochester (Vermont), EUA: Inner Traditions, p. 2. El libro existe también en español: Laszlo, E. (2014). *La experiencia akásica: la ciencia y el campo de memoria cósmica*. Barcelona, España: Obelisco.
2. Mark y Elizabeth Prophet. (2014). *Los maestros y sus retiros*. EUA: Summit University Press.
3. Esta cita ha sido traducida directamente del original inglés tal como la reproduce la autora. Fuente: Mark y Elizabeth Prophet (2003). *The Masters and Their Retreats*. Gardiner (Montana), EUA: Summit University Press. El libro existe también en español (ver nota anterior).

2. PREVISIONES ANTIGUAS PARA HOY
1. Bibhu Dev Misra (15 de julio de 2012). «The End of the Kali Yuga in 2025: Unraveling the Mysteries of the Yuga Cycle». Obtenido en el sitio web de Graham Hancock: https://grahamhancock.com/dmisrab6.

3. LAS LLAVES DE APERTURA

1. Maureen J. St. Germain (2009). *Beyond the Flower of Life*. Nueva York, EUA: Phoenix Rising Publishing.
2. Maureen J. St. Germain (2011). *Reweaving the Fabric of Your Reality*, 2.ª edición. Nueva York, EUA: Phoenix Rising Publishing.
3. C. Norman Shealy (2017). *Conversations with G*. Holistic Books International, p. 109.

7. SACAR EL MÁXIMO PARTIDO A LA INTUICIÓN

1. P. M. Ullrich y S. K. Lutgendorf (2002). «Journaling About Stressful Events: Effects of Cognitive Processing and Emotional Expression». *Annals of Behavioral Medicine*, 24, n.º 3, 244-250.

8. COMUNIÓN A TRAVÉS DE LA COMUNIDAD

1. Brad Blanton (2008). *Honestidad radical*. Barcelona, España: Planeta.

9. LA CONGRUENCIA ETÉREA

1. Maureen J. St. Germain (3 de junio de 2017). «Corey Goode & His Mind Meld». Entrada en el blog del sitio web de Maureen. Obtenido en https://maureenstgermain.blog/2017/06/03/corey-goode-his-mind-meld.

Epílogo. UNA EXCEPCIÓN A LA REGLA

1. Christopher Knight y Robert Lomas (2010). *La clave masónica: los símbolos secretos*. Barcelona, España: Martínez Roca.
2. Maureen J. St. Germain. «Your Fear and Worry Create Negative Loosh». Entrada en el blog de la web de Maureen St. Germain publicada el 2 de noviembre de 2017: https://maureenstgermain.com/2017/11/02/your-fear-and-worry-create-negative-loosh-2.
3. Margaret Starbird ha compartido versiones de esta historia en entrevistas radiofónicas. Puedes encontrarla por escrito en su libro *La diosa en los evangelios: en busca del aspecto femenino de lo sagrado* (2.ª ed., 2005). Barcelona, España: Obelisco.
4. Michael Baigent, Richard Leigh y Henry Lincoln (2002). *El enigma sagrado*. Barcelona, España: Martínez Roca.
5. Dan Brown. (2017). *El código Da Vinci*. Barcelona, España: Planeta. La cantidad de ochenta millones de ejemplares vendidos procede de la relación de los «libros más vendidos» que ofrece Wikipedia.

—